W0181376

Henning Lühr | Lothar Spielhoff

Internationales Spargel Kochbuch

70 Rezepte aus 33 Ländern

Mit Illustrationen von Ulrike Zipp und Henning Lühr

Kellner Verlag
Bremen · Boston

Dieses Buch ist bei der Deutschen Nationalbibliothek registriert.
Die bibliografischen Daten können online angesehen werden:
http://dnb.d-nb.de

Asparagus	Australien	Asparges	Norwegen
Asperge	Belgien	Bifang	Österreich
芦笋。	China	Espárrago	Peru
Asparges	Dänemark	Szparag	Polen
Spargel	DDR	Спаржа	Russland
Spargel	Deutschland	Spargel	Schweiz
Parsa	Finnland	Espárrago	Spanien
Asperge	Frankreich	Asparagus	Südafrika
საქტაცური	Georgien	หน่อไม้ฝรั่ง	Thailand
απαράγγι	Griechenland	Chřest	Tschechien
सफेद ऍस्परॅगस	Indien	Kuşkonmaz	Türkei
Asparago	Italien	Asparagus	USA
アスパラガス	Japan	Asparagus	Vereinigtes Königreich
šparoga	Kroatien	Măng tây	Vietnam
Espárrago	Mexiko		

Die Illustrationen stammen von:

(uz) Ulrike Zipp
(HL) Henning Lühr

© 2014 by KellnerVerlag, Bremen | Boston

St.-Pauli-Deich 3 | 28199 Bremen
Tel. 0421 77866 | Fax 0421 704058
sachbuch@kellnerverlag.de
www.kellnerverlag.de

Layout: Manuel Dotzauer
Umschlag: Designbüro Möhlenkamp, Bremen

ISBN 978-3-95651-034-2

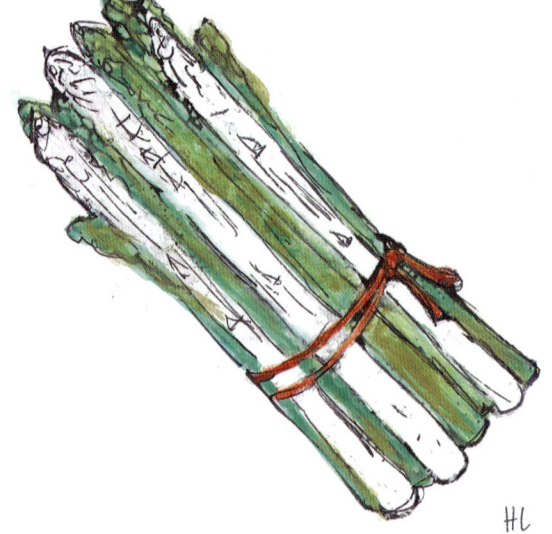

Gliederung

Vorwort der Autoren

Ein großer Online-Händler führt über 1.800 Buchtitel im Angebot, in denen der Spargel eine Rolle spielt. Zweck dieses Buches ist es deshalb nicht, diesen vielen Büchern eines hinzuzufügen, das es mit diesem oder jenem Inhalt schon x-fach gibt.

Was es noch nicht gibt, ist ein Spargelbuch, das sich mit internationalen Spargelrezepten befasst und zwar in der Fassung der Landessprache des Rezepts und seiner Übertragung in die deutsche Sprache. Denn wer kennt zum Beispiel schon die thailändischen, japanischen oder georgischen Schriftzeichen und die aus ihnen gebildeten Rezepttexte?

Deutlich werden soll aber auch, was für ein weltweit bekanntes Gemüse der Spargel ist. Auf allen Kontinenten, die Antarktis ausgenommen, ist Spargel – teilweise schon seit Jahrhunderten – in wilder und kultivierter Form bekannt. Allerdings ist nicht bekannt, woher er stammt. Fachleute vermuten Afrika und den östlichen Mittelmeerraum als Heimat des Spargels. Da es um das Internationale und nicht das Geschichtliche des Spargels geht, soll nur am Rande auf die Verbreitung eingegangen werden.

Das neu entstandene Kochbuch »Grün-Weiß – Das internationale Spargelkochbuch« lädt zu einem bunten Spaziergang durch die Welt der Spargelgerichte ein: Vorspeisen, Suppen, Salatvariationen, Beilagen zu Fleisch und Fisch, vegetarische Gerichte, süße Nachspeisen. Sogar Spargelpizza und Spargeleis sind dabei – alles, was man aus Spargel zaubern kann.

Ein internationaler Reigen von Spargelsoßen und Serviervorschlägen für das Spargelmenü sowie Hinweise zum etikettegerechten Essen von Spargel runden die Rezeptvorschläge aus 33 Ländern ab. Der **Bremer Ratskellermeister Karl-Josef Krötz** berichtet aus seinem reichen Erfahrungsschatz und gibt Wein-Empfehlungen für das Spargelessen.

Natürlich darf der Besuch auf einem traditionellen Spargelhof nicht fehlen.

Ulrike Zipp, eine Worpsweder Künstlerin, hat für das Kochbuch zu Pinsel und Farbpalette gegriffen. Henning Lühr hat mit Aquarellen Rezepte illustriert.

Eine besondere Herausforderung bereitete die Kommunikation mit den weltweiten landeskundlichen Beraterinnen und Beratern, die auch die Übersetzungen anfertigten. **Barbara Lison** herzlichen Dank für das Fahnden nach Köchen und Köchinnen auf allen Erdteilen.

Allen an der Entstehung dieses Buches beteiligten Autoren, Beratern, Übersetzern, Ulrike Zipp und dem Team des KellnerVerlags sei an dieser Stelle herzlich gedankt.

Dieses Buch ist ein Gemeinschaftsprojekt. Die Honorare werden für die Beschaffung des deutsch-türkischen Bilderbuchs »Wie kamen die Stadtmusikanten nach Izmir?« für die Kinderbibliotheken der Stadtbibliothek und Kindertagesstätten in Bremen gespendet.

»Grün-Weiß international« soll natürlich auch als Schlachtruf eine kleine Herausforderung für unseren Bremer Fußballclub Werder Bremen sein, wieder international zu spielen und weitere »Wunder von der Weser« wie im vergangenen Jahrzehnt zu vollbringen.

Henning Lühr
Lothar Spielhoff

Spargel – eine Pflanze mit Migrationshintergrund

Ein wenig Kulturgeschichte

Deutschland deckt rund 80 Prozent seines Spargelverbrauchs aus heimischer Produktion. Die restlichen Mengen kommen vor allem per Lastwagen aus Griechenland und Spanien sowie per Flugzeug oder Schiff aus Peru – dem zweitgrößten Spargelerzeugerland nach China. All das zu einer Jahreszeit, in der hierzulande die Spargelernte noch längst nicht begonnen hat. Manchen, die es nicht abwarten können, ist der Spargel dann schon über, wenn der erste (Folien-) Spargel in Deutschland reif für die Ernte ist.

Das war nicht immer so: Ursprünglich brachten römische Invasoren, nach allem, was man weiß, den grünen Spargel für ihre Truppen nach Germanien. In geringer Menge kultiviert wurde er aber erst als immigriertes Gemüse ab Mitte des 16. Jahrhunderts an deutschen Fürstenhöfen populär. Er war noch grün, wuchs also überirdisch und war deshalb leicht zu ernten, allerdings nicht zu pflegen. Höfisches Personal reichte aus, die kleinen Ernten einzubringen. *(Siehe auch Kapitel »Spargel und Wein« – Seite 120.)*

Mitte des 18. Jahrhunderts begann in Deutschland der Spargelanbau in größerem Umfang. Denn die Nachfrage überstieg das Angebot, so dass alsbald findige Landwirte auf den Plan traten und eine Entdeckung machten: Weißer Spargel – damals hieß er noch Bleichspargel – wuchs dann, wenn die Pflanzen vor Lichteinwirkung geschützt wurden und so keine grünen Farbstoffe bilden konnten.

Der Siegeszug dieses Gemüses war unaufhaltsam, nachdem es auch noch gelang, es in Dosen zu konservieren. Probleme, Spargel frisch auf den Markt zu bringen, existierten damals nicht. In der Landwirtschaft gab es genug Arbeitskräfte.

Heute allerdings könnte die Nachfrage nach »tagesfrischem« weißen Spargel aus inländischer Produktion schon längst nicht mehr gestillt werden, könnte deshalb die Vielzahl von Rezepten aus fremden und fernen Ländern nicht ohne weiteres in großer Menge nachgekocht werden, wenn es nicht so viele ausländische Helfer gäbe, die jedes Jahr nach Deutschland kommen und in anstrengender, gebückter Haltung große Mengen Spargel stechen. Ausgereifte Weißspargelerntemaschinen, die die Feinfühligkeit menschlicher Hände haben, gibt es noch nicht. Obwohl an der Vervollkommnung von Spargelerntemaschinen gearbeitet wird, wird es noch dauern, bis sie die Erntehelfer, wenn überhaupt, ersetzen werden. Bis dahin sind es vor allem fleißige Saisonmigranten/-innen aus Polen, Rumänien und Bulgarien, die die Versorgung mit stechreifem Spargel sichern helfen. Ohne diese »Heinzelmännchen« der Landwirtschaft könnten viele Spargelportionen, geerntet in deutschen Landen, nicht zubereitet werden, wäre Spargelliteratur mit Weißspargel-Rezepten vielleicht ein Nischenprodukt. Der maschinenfreundliche Grünspargel hätte mit seiner dann erreichten Vorherrschaft dank seiner Pflege- und Erntefreundlichkeit die Nase bei den deutschen Verbrauchern vorn. So sind es vor allem ausländische Rezepte aus Grünspargelländern, die zeigen, dass in vielen Ländern der Welt der Weißspargel, wenn überhaupt, ein Kümmerdasein führt.

Auch beim Spargel bestimmen Angebot und Nachfrage wie auch die Produktionskosten, darunter die

Löhne, den Preis. Ist in deutschen Landen die Witterung kalt und fallen die Erntemengen deshalb geringer aus, kostet Spargel mehr als in guten Jahren, in denen der Spargel reichlich schießt. Grünspargel, dessen Anbau und Ernte weniger aufwändig ist, wird in der Regel günstiger angeboten als der in Deutschland marktbeherrschende weiße. Und dann wird der Preis natürlich auch von der Qualität bestimmt. Die besten Qualitäten mit gut gewachsenen Stangen, die gerade und unbeschädigt sind sowie fest geschlossene Köpfe haben, kosten, was nicht verwundert, erheblich mehr als etwa unregelmäßig gebogene mit leicht geöffneten Köpfen – vom günstigen Preis für den »Schrecklichen« (so wird er tatsächlich an manchen Marktständen genannt) nicht zu reden. Importspargel ist regelmäßig günstiger als hiesiger. Das liegt unter anderem daran, dass hier geernteter und sogleich an den Kunden gebrachter Spargel höhere Preise erzielen kann, weil er unvergleichlich frischer und aromatischer schmeckt als einer, der lange Transportwege hinter sich gebracht hat.

Wer kennt die Spargelnamen, wer kennt die Arten?

Der Spargel hat im Deutschen viele Namen. Die Herkunft des Wortes Spargel beschreibt das »Etymologische Wörterbuch des Deutschen« so:

»Der Name des Gemüses frühneuhochdeutsch Spargen, Sparger (15. Jahrhundert), Spargel (16. Jahrhundert) ist entlehnt aus spätlateinisch sparagus, lateinisch asparagus, eigentlich ›fetter Keim einer Pflanze, ehe sich die Blätter entwickeln‹, griechisch aspáragos, aspháragos ›junger Trieb, Spargel‹. Die Endung ist vielleicht an Muster wie Kümmel und Kerbel angeglichen.«

Im deutschsprachigen Raum hatte und hat der Spargel viele, teilweise ähnlich klingende Namen:

- Aspars in Holstein
- Sparjes in Braunschweig und im Wesergebiet
- Sparrjes in Oldenburg
- Spajes,Sparrs, Speis im Wesergebiet
- Sparge im Nassauischen
- Sparrje in Rheinpfalz
- Spars in Schleswig-Holstein
- Spergel in Nordböhmen
- Sparigel in Niederösterreich
- Spargle, Sparz, Spars in der Schweiz
- Spargus in Siebenbürgen etc.

Auch unter dem Namen Korallenkraut, Schwammwurz und Sargen wird Spargel geführt.

Ähnlich verhält es sich in anderen Sprachen. Im Französischen etwa hat der Spargel – asperge – Synonyme wie gánt, escogriffe, perche oder échals. Weitere Übersetzungen des Wortes Spargel finden sich im Rezeptteil.

Die Zahl der Spargelarten ist riesig. Zwei Unterscheidungen kennt jeder: den grünen und den weißen Spargel. Der grüne Spargel wächst oberirdisch, der weiße lichtgeschützt in Erdwällen oder unter lichtundurchlässigen Abdeckfolien. Daneben gibt es – farblich gesehen – noch violetten und purpurfarbenen Spargel. In vielen Ländern der Erde ist der weiße – der in Deutschland am meisten angebaute – Spargel nicht oder kaum verbreitet. Umgekehrt wird grüner Spargel weltweit angebaut und gegessen. Bis zum Anbau des sogenannten Bleichspargels Mitte des 18. Jahrhunderts bestimmte er die ausschließliche Spargelfarbe.

Ganz gleich, welche Farbe der Spargel hat, die Artenliste etwa, die der »Royal Botanic Gardens, Kew«, führt (www.kew.org/wcsp/qsearch.do?plantName=asparagus), enthält über 200 verschiedene Arten – oder genauer: Sorten. Sie aufzuzählen hieße Seiten füllen.

Viele ältere Sorten weisen auf ihre geografische Herkunft hin, verschwanden teilweise auch wieder, weil sie krankheitsanfällig waren. Bekannte Spargelsorten mit Herkunftsbezeichnungen sind:

- Ruhm von Braunschweig
- Gelber Burgunder
- Gubener Riesenspargel
- Erfurter Riesenspargel
- Limburgia
- Schwetzinger Meisterschuss
- Schrobenhausener Spargel
- Wunder von Amerika
- Argenteuil

Nach Züchtern sind Spargelsorten natürlich auch benannt worden. »Huchels Leistungsauslese«, »Huchels Alpha«, »Huchels Schneewittchen« oder »Huchels Mondeo« erinnern an den wirkungsmächtigen Züchter August Huchel.

Spargel – eine Delikatesse mit Heilwirkung

Der Spargel hat, wildwüchsig wie er zunächst war, nicht als Delikatesse und »königliches Gemüse« begonnen. Seine Laufbahn startete er als Heilmittel für und gegen fast alles. Genutzt wurde und wird er heute noch wegen der zahlreichen Inhaltsstoffe. Alles vom Samen über den Spargelspross, also der Spargelstange, bis hin zum Spargelkraut kann verwendet werden. Alles ist ja so gesund und hilft Leiden zu lindern und Nerven zu beruhigen. Selbst als Liebesdroge soll Spargel Wirkung zeigen.

Spargel kann – in alphabetischer Reihenfolge – antibakteriell, beruhigend, blutreinigend, harntreibend, schweißtreibend, Tonus stärkend, kurz: auch für Apotheker gewinnbringend sein.

Seit Spargel darüber hinaus als Lebensmittel genossen wird, hat er also eine doppelte Wirkung: Er ist ein delikates Gemüse und gleichzeitig ein Gesundheitsmittel. Was will man mehr?

Auch das andere internationale Kochbuch bietet kulinarische Neuheiten.

50 Rezepte aus 27 Ländern

Details auf Seite 130

Pflanzen und ernten
Ein Erfahrungsbericht von Henning Lühr über Spargelanbau auf dem Feens-Hof

Der Feens-Hof

Spargel ist ein Teil meiner Sozialisation, da ich auf einem traditionellen Bauernhof mit Spargelanbau, dem Feens-Hof, aufwuchs. Das war bis zum Ende der Schulzeit mit viel Arbeit beim Stechen und dem zeitweiligen Einsatz im Hofladen verbunden. Neben selbstgekauften Fußballschuhen, die ich mir verdiente, wurde ich natürlich auch kulinarisch entschädigt: Während der Ernte gab es jeden Tag Spargel zu essen, sei es als Suppe, Salat, mit Fisch oder Fleisch.

Nun kurz zum Feens-Hof:

Der Feens-Hof, die Hausnummer 2, gehörte dem Stift Bardowik in Bardowik. Bereits 1158 wurde das Haus zu Roydorf in den Stiftakten erwähnt.

Im Dreißigjährigen Krieg, am 16. Juni 1628, brannten dänische Soldaten das Dorf Roydorf und damit auch den Stiftshof nieder. Der damalige Besitzer hieß Claus Verrnten. Aus dieser Zeit stammt auch der Hofname – Verrns-Hof, Feen's Hof –, der heute noch seine dörfliche Gültigkeit besitzt. Ein Auszug aus dem Geldregister von 1725 zeigt den weiteren Werdegang: Der Besitzer hieß nun Wilhelm Peters. Er besaß 80 Himtsaat (53 Morgen) und 24 Fuder Heu (Grünland wurde in Fuder Heu gemessen). Alte Flurnamen, die heute noch genannt werden – zum Beispiel Auf'n Blöcken, Auf'n Bring –, finden wir auch in Urkunden um 1700.

1850 wurde der Hof dem damaligen Bewirtschafter (Lehnsmann-Leute) übereignet. Seit dieser Zeit ist der Hof nach verschiedenen Erbfolgen in der Familie. In den 1920er- und 1930er-Jahren war die Pferdezucht der landwirtschaftliche Schwerpunkt des Hofes. In den 1950er- und 1960er-Jahren rückten den Obst- und Spargelanbau neben der traditionellen Landwirtschaft in das Zentrum der landwirtschaftlichen Produktion. Nach meinen Eltern führen nun meine Schwägerin und mein Bruder den Hof weiter.

Anbau von Spargel

Für den Spargelanbau eignen sich nur leichtere, tief durchwurzelbare, humushaltige Sandböden (keine Steine, keine Staunässe). »Auf'n Bring«, auf einem Geestrücken im breiten Urstromtal der Elbe liegend, wurde die erste geeignete Fläche für den Spargelanbau ausgemacht und entsprechend kultiviert. Das geht so:

Bei Neuanpflanzungen muss der Boden gut vorbereitet werden. Neben den klassischen Düngemitteln wie Kalk, Kali und Phosphor musste vor allen Dingen Humus eingearbeitet (Grünpflanzen oder Naturdünger) und der Boden bis zu einem Meter Tiefe aufgelockert werden.

Alle Arbeiten zum Aufbau der Junganlage wurden im Herbst vor der Frühjahrpflanzung abgeschlossen. Schon diese Vorbereitungsarbeiten sorgten in einem von traditioneller Landwirtschaft und Pferdezucht geprägten Dorf von knapp 600 Einwohnern für Erstaunen und anhaltenden Gesprächsstoff.

Beim Pflanztermin im nächsten Frühjahr, März bis Mitte April, bei trockenem, warmem Wetter, war die Unruhe und Neugier umso ausgeprägter. Was wurde dort in vielen Reihen in einem Abstand von etwa 30 Zentimetern und einem Reihenabstand von 1,80 Metern mit einer Pflanztiefe von 18 bis 20 Zentimetern in den Boden gebracht? »Na ja, wat dor wohl von ward!« Spargel! Das war in den 1960er-Jahren noch ein Edelgemüse und in der Region kaum verbreitet. »Toast Hawaii« war zu dieser Zeit der kulinarische Renner.

Bis die Ernte eingefahren werden kann, dauert es natürlich. Die Anlage wird im ersten und im zweiten Wuchsjahr sorgsam gepflegt (gehackt, gestriegelt, gedüngt, Pflanzenschutz nur bei Bedarf), um die Kultur sorgfältig aufzubauen. Im dritten Wuchsjahr werden im April die Spargeldämme aufgepflügt. Die erste Stechzeit beträgt allerdings nur vier bis sechs Wochen, da die Jungpflanzen längere Erholungsphasen benötigen.

In den folgenden Wachsjahren – Spargel wird sieben bis acht Jahre gestochen – beträgt die Stechzeit etwa acht Wochen, und zwar vom Ende April bis zum 24. Juni (»Johanni«). Damit ist die landwirtschaftliche Kultivierung der Spargelpflanzen aber nicht beendet. Spargel spielt im gesamten Jahresverlauf eine große Rolle in der Bewirtschaftung des Hofes:

März:	Vorbereitung der Spargelfläche, z. B. grubbern (auflockern)
April:	Aufpflügen der Dämme (Folie auflegen)
April/Mai/Juni:	Ernte
Ende Juni:	Folie aufnehmen, Abpflügen der Dämme Dünger ausbringen
Juli:	Spezial-Pflanzenschutzmaßnahmen nur bei Bedarf
Okt./Nov.:	Spargelkraut abhäckseln und einarbeiten. Spargelreihen leicht aufdämmen.

Der Spargelanbau auf dem Feens-Hof wurde über die Jahre verstärkt, die Flächen wurden stetig erweitert. Über einen Hofladen konnte der Spargel direkt vermarktet werden.

Die Ernte

Wenn im April aufgepflügt worden ist, kann die Ernte beginnen.

Bei grünem Spargel werden keine Dämme gepflügt, die Sprossen werden in entsprechender Länge abgeschnitten.

Bei weißem Spargel werden jeweils – Reih' auf, Reih' ab – die Sprossen, also die Spargelstangen, mit den Fingern freigekratzt und mit dem Stechmesser abgeschnitten. Die Kunst dabei ist, weitere Sprossen im Wurzelballen der Spargelpflanze nicht zu beschädigen.

Das Loch wird sorgsam verschlossen und mit einem »Maurer-Reibebrett« glattgestrichen.

Zunächst rekrutierte sich das Ernte-Team noch aus dem Familienbetrieb. Mit Erweiterung der Anbauflächen wurden polnische Ernte-Helfer über das Arbeitsamt angeworben, die natürlich sozialversichert beschäftigt wurden. Wie auf einem Betrieb der bäuerlichen Landwirtschaft üblich, arbeitet man zusammen und nimmt die Mahlzeiten zusammen ein. Aus dieser Integration in den Alltag hat sich eine lange Tradition der Zusammenarbeit ergeben.

Die Tagesernte wurde auf dem Hof gewaschen, sortiert und im Hofladen nach Handelsklassen zum Verkauf ausgelegt. Zu den Kundinnen und Kunden gehörten dann später natürlich auch die »Dörps-Lüüd«.

Niedersächsischer SPARGEL direkt vom Erzeuger

"Feens-Hof" zu Roydorf

Auf unserem Betrieb wird seit über 40 Jahren Spargel angebaut und vermarktet. Besuchen Sie uns auf unserer denkmalgeschützten Hofanlage in Roydorf. In der Spargelzeit ist unser Hofladen von 7:00- 19:00 Uhr geöffnet und wir haben viele saisonale Produkte im Sortiment.

Heidi und Heiko Lühr
In´n Dörp 2 , 21423 Winsen-Roydor

Die Vorbereitung der Mahlzeit

Spargel – ein frisches Saisongemüse

Es gab Zeiten, da war Spargel ein reines Saisongemüse. Das ist lange her. Der Handel versteht unter Saison das ganze Jahr. Wer will, kann vor allem grünen Spargel jederzeit, das heißt nicht nur zur Spargelzeit erwerben.

Wer aber Spargelspannung aufbauen möchte, der wartet jedes Jahr sehnsüchtig auf den Beginn des Frühjahrs. Abhängig vom Wetter wird hiesiger weißer Spargel im April, unter Folien gezogen sogar bereits ab Mitte/Ende März angeboten. Hat der Spargelbauer nicht nur im Haus, sondern auch auf seinen Feldern eine Bodenheizung eingebaut und ist der ungeduldige Spargelfreund bereit, den geforderten Preis zu zahlen, ist für ihn bereits Anfang März Saisonbeginn.

Je länger die Saison bereits dauert, desto größer wird das Angebot. Und preisgünstiger wird es auch. Ist der Beginn der Spargelsaison schwankend, ist das Ende feststehend: Am Johannistag, dem 24. Juni, wird der letzte Spargel geerntet. So ist genügend Zeit für die Spargelpflanzen, sich auf die nächste Saison vorzubereiten.

Einkaufen und verbrauchen

Wer frischen Spargel einkauft, also keinen, der schon längere Transportwege hinter sich hat, ist gut beraten, ihn alsbald zu verbrauchen. Der Spargel wird es ihm lohnen. Ein heller Klang ist zu hören, wenn zwei Stangen leicht gegeneinander geschlagen werden und so mitteilen, dass sie frisch sind. Manche reiben auch zwei Stangen aneinander und vernehmen ein Quietschen, das Frische anzeigt.

Einfrieren?

Wer unbedingt noch nach Johannis weißen Spargel essen möchte, kann ihn auch einfrieren, sollte aber nicht glauben, dass solcher Spargel mit frischem mithalten kann.

Dies funktioniert wie folgt: Spargel waschen, schälen, wenn gewünscht in kleine Stücke schneiden und einfrieren. So einfach geht das. Der Spargel muss nicht vorgegart werden. Jedoch wird er vor der Zubereitung nicht wieder aufgetaut, sondern in tiefgekühltem Zustand verarbeitet.

Nur der weiße Spargel wird geschält

Der Titel sagt eigentlich schon alles. Nicht zu vergessen ist, das unterste Ende so weit abzuschneiden, dass alles Holzige entfernt ist. Dabei wird auch klar, ob der Spargel gut geschält worden ist. Wenn das nicht der Fall ist, muss nachgearbeitet werden. Grüner Spargel wird nicht geschält. Nur das holzige (weiße) Ende muss gekappt werden.

Kochen – dämpfen – braten

Wer den unverfälschten Spargelgeschmack über alles schätzt, der dämpft ihn – entweder in einem Dampfgarer, etwas umständlicher mit Hilfe eines Dampfeinsatzes im Kochtopf oder in einem Bambusdampfkorb, auch Bambusdampfsteamer genannt, der in einen Topf oder Wok mit kochendem Wasser gesetzt wird.

Spargel wird, so sehen es zumindest die allermeisten Rezepte vor, in leicht gesalzenem, leicht siedendem Wasser, dem eventuell noch etwas Zucker

zugesetzt wird, so lange gekocht, bis er die gewünschte Bissstärke erreicht hat. Den Spargel senkrecht stehend zu kochen und dabei die Köpfe ein wenig aus dem Wasser herausragen zu lassen, hat den Vorteil, dass die Spargelspitzen nicht verkochen. Im Vergleich zum im Dampf gegarten Spargel verliert der gekochte ein wenig von seinem frischen Aroma.

Spargel, insbesondere Grünspargel, wird, nicht nur um der Abwechslung willen, zunehmend gebraten oder gegrillt. Das gilt für den Wildspargel, der in unseren Breiten stets gezüchtet ist, ganz besonders. Die Spargelstangen bleiben knackig und erhalten dadurch feine Röstaromen.

Ganz gleich, welche Zubereitungsmethode der Spargelliebhaber wählt, jede bietet Geschmacksvarianten, die auszuprobieren lohnt.

»Grün-Weiß« – Internationale Spargel-Rezepte

Mengenangaben jeweils für vier Personen

Spargel im alten Rom

Apicius,
De Re Coquinaria

Aliter patina de asparagis:

Adicies in mortario asparagorum praecisuras, quae proiciuntur, teres, suffundes vinum, colas. Teres piper, ligusticum, coriandrum viridem, satureiam, cepam, vinum, liquamen et oleum. Sucum transferes in patellam perunctam, et, si volueris, ova dissolves ad ignem, ut obliget. Piper minutum asperges.

Ein Spargelauflauf auf andere Art:

Gib in einen Mörser die abgeschnittenen Teile von Spargeln, die sonst weggeworfen werden, zerstampfe sie, gieße Wein hinzu und passiere es. Zerstoße Pfeffer, Liebstöckel, frischen Koriander, Saturei, Zwiebel, Wein, Liquamen und Öl. Gib den Brei hinüber in eine eingefettete Auflauform und verrühre, wenn du willst, am Feuer Eier darin, um es zu binden. Streue gemahlenen Pfeffer darauf.

Quelle: Apicii libri decem, qui dicuntur de re coquinaria et excerpta a Vinidario. Herausgegeben, übersetzt und kommentiert von Robert Maier. Reclam Vlg. Stuttgart, 1991

Rezept zum Nachkochen:

Man nehme

- 400 g grünen Spargel
- 4 Eier
- 100 ml Weißwein
- 2 Schalotten
- 1 EL Fischsoße
- 1 kl Bund Koriander
- 1 TL Liebstöckel
- 1 TL Bohnenkraut
- weißen Pfeffer
- Olivenöl

Zubereitung

1. Den Spargel kochen, bis er bissfest ist. Die Schalotten würfeln und in Olivenöl anschwitzen.
2. Den Spargel in Stücke schneiden, die Kräuter hacken. Etwas von den Kräutern zum Garnieren abnehmen.
3. Die angeschwitzten Zwiebeln, den Spargel sowie alle anderen Zutaten in einen Mixer geben und pürieren.
4. Die Masse mit etwas Olivenöl in eine Pfanne geben und bei mittlerer Temperatur garziehen lassen.
5. Zum Anrichten den Eierkuchen mit den restlichen Kräutern etwas Pfeffer bestreuen.

Quelle: www.koch-welten.de

17

Aliter patina de asparagis frigida

Aliter patina de asparagis frigida:

Accipies asparagos purgatos, in mortario fricabis, aquam suffundes, perfricabis, per colum colabis, et mittes ficetulas curtas. Teres in mortario piperis scripulos sex, adicies liquamen, fricabis, vini cyathum unum, vini passi cyathum unum, mittes in caccabum olei uncias III. Illic ferveant. Perunges patinam, in ea ova VI cum oenogaro misces, cum suco asparagi impones cineri caldo, mittes impensam supra scriptam. Tunc ficetulas compones. Coques, piper asperges et inferes.

Auf andere Art ein kalter Spargelauflauf:

Nimm geputzte Spargel und zerreibe sie in einem Mörser, gieße Wasser dazu und zerreibe es gut und passiere es durch einen Durchschlag. Und gib zerlegte Feigendrosseln (Wacholderdrosseln) dazu. Zerstoße in einem Mörser sechs Skrupel (ca. 6,8 g) Pfeffer, gib Liquamen dazu, zerreibe es, gib ein Gläschen (ca. 0,45 l) Wein, ein Gläschen Passum und drei Unzen (ca. 83 g) Öl in den Topf. Dort soll es kochen. Fette ein Backblech ein, mische darauf sechs Eier mit Oenogarum und lege es zusammen mit dem Spargelbrei in heiße Asche und gib die oben beschriebene Füllung darauf. Dann ordne die Feigendrosseln darauf an. Backe es, streue Pfeffer darauf und serviere.

Quelle: Apicii libri decem, qui dicuntur de re coquinaria et excerpta a Vinidario. Herausgegeben, übersetzt und kommentiert von Robert Maier. Reclam Vlg. Stuttgart, 1991

Spargeleierkuchen – Spargelpfanne

Rezept zum Nachkochen:

Man nehme

- 400 g grünen Spargel
- 4 Eier
- 100 ml Weißwein
- 2 Schalotten
- 1 El Fischsoße
- 1 kl Bund Koriander
- 1 Tl Liebstöckel
- 1 Tl Bohnenkraut
- weißen Pfeffer
- Olivenöl

Zubereitung

1. Den Spargel kochen, bis er bissfest ist. Die Schalotten würfeln und in Olivenöl anschwitzen.
2. Den Spargel in Stücke schneiden, die Kräuter hacken. Etwas von den Kräutern zum Garnieren abnehmen.
3. Die angeschwitzten Zwiebeln, den Spargel sowie alle anderen Zutaten in einen Mixer geben und pürieren.
4. Die Masse mit etwas Olivenöl in eine Pfanne geben und bei mittlerer Temperatur garziehen lassen.
5. Zum Anrichten den Eierkuchen mit den restlichen Kräutern und etwas Pfeffer bestreuen.

Quelle: www.koch-welten.de

Vorspeisen

Norwegen

Norwegische Spargelschiffchen

Es gibt in Norwegen eigentlich keine Spargeltradition. Normalerweise gibt es diesen nur in Dosen zu kaufen und er wird als Beilage benutzt. Erst in den letzten Jahren kann man in einigen Supermärkten frischen Spargel kaufen (vermutlich nur importiert). Deswegen müssen die Norweger erst eine Spargel-Tradition erfinden! Vielleicht ist dieses Rezept der Auftakt dafür!

Zutaten für ein Schiffchen

- 3 kalte Spargelstücke (5 cm)
- Zitronensaft
- 3 Scheiben Räucherlachs
- 2 EL Meerrettichsahne
- 1 TL Kapern
- ½ Scheibe Blätterteig oder Mürbeteig-Schiffchen aus dem Feinkostgeschäft

(Gesamtmenge je nach Bedarf festlegen.)

Zubereitung

1. Spargel bissfest kochen (8 Minuten), in Stücke schneiden, mit Zitronensaft beträufeln und in Räucherlachs einwickeln.
2. Spargelstücke in das geformte und vorgebackene Schiffchen stellen. Meerrettichsahne und einige Kapern darübergeben.

Norske aspargesskip

Ingredienser:

- 3 kalde stykker (5 cm) aparges litt sitron
- 3 skiver røkelaks
- 2 ss pepperrot-krem
- 1 ts kapers
- ½ butterdeigplate eller mørdeig-skip fra delikatesse-butikk

(Totalmengde fastsettes alt etter behov)

Tilberedelse:

1. Kok aspargesen i ca. 8 minutter, skjær den i stykker, drypp sitron over, og rull den inn i røkelaksen.
2. Legg aspargesstykkene i det ferdig formete og bakte skipet. Tilsett pepperrot-krem og strø kapers over.

Vietnam

 # Frühlingsrollen gefüllt mit zweierlei Spargel

Man nehme

Für die Frühlingsrollen
- 1 Paket Frühlingsrollenteig
  (im Asialaden oder Supermarkt erhältlich)
- 100 g grünen Spargel
- 100 g weißen Spargel
- 100 g Karotten oder Kohlrabi
- 100 g frische Sprossen (Sojabohnen, Mungbohnen oder ähnliches)
- 2 kleine Schalotten
- 1 Bund Petersilie
- 50 g geröstete Pinienkerne
- Erdnussöl
- Eiweiß

Für die Soße
- ¼ l Geflügelfond
- ¼ l Sahne
- ½ Bund Frühlingszwiebeln
- 1 Spritzer Essig
- etwas Sherry
- 1 Bund Petersilie

Zubereitung

1. Den weißen Spargel schälen, gegebenenfalls auch den grünen. Das Gemüse in gleichmäßig dünne Streifen, die Spargelstangen kleinschneiden. Die Schalotten in kleine Würfel schneiden. Die Petersilie feinhacken. Die Pinienkerne in einer beschichteten Pfanne ohne Fett goldbraun rösten. Das Gemüse in einer Pfanne mit heißem Pflanzenfett anschwitzen, mit Salz und Pfeffer würzen, abschließend die Schalotten dazugeben und kurz mit anrösten. Das angeschwitzte Gemüse in eine Schüssel geben und abkühlen lassen.

2. Für jede Person zwei oder mehr kleine Frühlingsrollen herstellen. Das Gemüse mit den rohen Sprossen, den Pinienkernen und der Petersilie mischen. Die Frühlingsrollenblätter damit belegen und zusammenrollen, die Ränder mit Eiweiß bestreichen und zukleben. Die Rollen in reichlich und sehr heißem Erdnussöl von allen Seiten braten und Farbe annehmen lassen. Damit die Frühlingsrollen geschlossen bleiben, zunächst auf den Klebestellen anbraten.

3. Für die Soße den Frühlingszwiebeln kleinschneiden und zusammen mit den übrigen Zutaten (außer dem Schnittlauch) aufkochen.

4. Die Soße passieren, den in feine Röllchen geschnittenen Schnittlauch hineingeben und mit dem Stabmixer schaumig schlagen.

Anrichten und servieren: Die Frühlingsrollen schräg halbieren und mit der Soße anrichten.

Cha gio cuon voi mang tay

Vat lieu

cho Cha gio

- 1 xap banh trang
- 100 g Mang tay xanh
- 100 g Mang tay trang
- 100 g Khoai tay hoac xu hao
- 100 g gia song tuoi (gia hoac thu gi do giong nhu vay)
- 2 cu hanh nho (cu hanh mau do)
- 1 nhum ngo tuoi
- 50 g dau rang Pinien
- Dau phong de ran (chien) cha gio
- 1 it trong trang trung ga de lam cho banh trang dinh lai

cho nuoc cham

- 1/4 liter nuoc cot ga
- 1/4 liter vang sua (kem sua)
- 1/4 nam hanh la
- Mot it dam
- 1 it ruu Sherry
- 1 Bund Petersilie
- 1 nhum ngo tuoi

Chua bi

1. bao bo vo mang tay trang va mang tay xanh. Tat ca rau duoc cat (thai) mong theo chieu dai, Mang tay duoc cat nho. Hanh cu duoc cat nho nhu hat luu, Hat Pinien duoc chien (ran). Tat ca rau cu duoc xao (ran) so qua cho men trong chao va nem niem voi muoi, tieu. Sau do bo hanh cu vao de xao.. moi thu rau cu da xao de nguoi.
2. Lam cho moi nguoi 2 hoac nhieu cha gio nho, tat ca moi thu nhu rau cu, gia song, hat Pinien va ngo tron deu voi nhau roi cuon voi banh trang. O cuoi cuon cha gio thoa len 1 it long trang trung cho dinh lai.
3. Cha gio duoc chien voi dau phong that nong cho den khi vang.
   De lam nuoc cham, toi dam nho roi nau voi tat ca cac gia vi (da ke khai o tren cho phan lam nuoc cham) tru hanh la.
4. Nuoc sot da duoc nau loc lai bang ray va do len phan hanh la da cat nho, sau do duoc danh nhuyen den khi len bot.

Trung bay va phuc vu: Cha gio duoc cat xeo de vao dia cung voi nuoc cham de rieng.

Tschechien

Donnerwurzel (špargl) nach M. D. Rettigová

Für die Tschechen war während des sozialistischen Systems Spargel mit seinem schwer aussprechbaren Namen chřest ein fast vergessenes Relikt aus bürgerlichen Zeiten. Die Nachwirkungen sind bis heute zu spüren. Deswegen sind die tschechischen Rezepte, die wir im Internet finden, kaum zu empfehlen. Fündig werden wir dann eher bei den älteren Quellen.

So empfiehlt Magdalena Dobromila Rettigová, Schriftstellerin und Mutter aller tschechischen Köchinnen, im 19. Jahrhundert den Spargel, den sie Donnerwurzel nennt, als süße Vorspeise. Und in ihrem klassischen Kochbuch aus dem Jahre 1924 beschreibt Marie Sandtnerová Spargel mit Zitronensoße.

Zubereitung

1. Spargel säubern, am unteren Ende etwas vom Weißen abschneiden, waschen, die Köpfe locker zusammenbinden und im salzigen Wasser bedeckt kochen, bis das Grüne weich wird. Das erkennt man daran, dass sich das Grüne biegt. Spargel aus dem Wasser herausnehmen, vorsichtig auf einer Schale anrichten.
2. Paniermehl, Zucker und Muskatblüte in Butter kurz anbräunen und mit der heißen Mischung den Spargel übergießen.

Man nehme

- grünen Spargel
- Paniermehl
- Zucker
- Muskatblüte
- Butter

Hromový kořen (špargl)

Špargl pěkně očišť, ten kousek bílý dole ukroj, pak zase, když ho přemeješ, svaž hlavičkami k sobě, ale volně, a nech ho tak v pohodlné nádobě v slané vodě vařit; musí ale celý potopen býti a tak dlouho se vařit, až to zelené dost měkké, což se pozná, když se z vody za to bílé vezme a to zelené se přehýbá. Když uvařen, voda se vyleje, špargl prozřetelně na mísu vloží, aby se hlavičky neulámaly, Posype se žemličkovou kůrkou. Komu se líbí, může mezi žemličkovou kůrku tlučeného cukru a trochu květu smíchati a tím špargl posypati.
A rozpáleným máslem omastí.
Magdalena Dobromila Rettigová,
Domácí kuchařka, circa 1820

Suppen

Russland

Hühnersuppe mit Spargel

Man nehme

- 1 Liter Hühnerbrühe
- 300 g gekochte Hühnerbrust
- 150 g gekochte Spargelabschnitte
- 2 EL Maismehl, mit Wasser verrührt
- 100 g Mais aus der Dose, gut abgetropft und getrocknet
- ½ EL Meersalz
- 12 Champignons, in Scheiben geschnitten
- 1 TL Sesamöl
- 2 Frühlingszwiebeln

Zubereitung

1. Hühnerbrühe aufkochen, die Pilze hinzufügen und für 2–3 Minuten kochen. Dann das verdünnte Maismehl einrühren und aufkochen lassen. Dabei ständig rühren, bis die Suppe eindickt. Hitze reduzieren, das in dünne Scheiben geschnittene Huhn, Mais und Spargel hinzufügen. Bei schwacher Hitze gut erwärmen. Mit Salz abschmecken.
2. Mit Sesamöl beträufeln und mit Frühlingszwiebeln garniert servieren.

Куриный суп со спаржей

Для рецепта вам потребуется:

- куриный бульон – 1 литр
- курица (белое мясо) – 300г
- спаржа – 100г
- кукурузная мука (разведенная водой) – 2 ст.л.
- консервированная кукуруза (подсушенная) – 100г
- морская соль – 1/2 ст.л.
- шампиньоны (нарезанные) – 12 шт.
- кунжутное масло – 1 ч.л.
- зеленый лук – 2 шт.

1. Вскипятите куриный бульон, добавьте в него грибы и варите на медленном огне в течение 2-3 минут, затем влейте разведенную кукурузную муку и варите, помешивая, пока не загустеет. Убавьте огонь, добавьте куриное мясо (тонко нарезанное отварное), спаржу и кукурузу и хорошо прогрейте на медленном огне. Посолите.
2. Подавайте на стол, добавив кунжутного масла и посыпав зеленым луком.

China

Chinesische Spargelsuppe

Man nehme

- 1 Bund Suppengrün
- 750 ml klare Brühe (z.B. Hühnerbrühe)
- 1 EL Schmalz
- 1 Knoblauchzehe
- Salz
- 2 EL Sojasoße
- 1 kleine Dose Krabben-Fleisch von der Königskrabbe (Crab Meat)
- 250 g Spargel, in Stückchen

Zubereitung

1. Suppengrün in feine Streifen schneiden. Hühnerbrühe aufkochen, Suppengrün dazugeben, 20 Minuten kochen lassen.
2. Schmalz in einer Pfanne erhitzen, gehackte Knoblauchzehe mit Salz vermengen und goldgelb braten. Zur Suppe geben, mit Salz, Pfeffer, Ingwer und Sojasoße abschmecken. Crab Meat abtropfen lassen, Chitinstreifen entfernen. In kleine Streifen teilen und zur Suppe geben. Mit abgetropftem Spargel in der Suppe erhitzen.

中式芦笋汤

原料,调料

一小捆做汤的底料（比如,一根胡笋卜,一
根葱,一小块西芹圆头菜 ）
750 毫升高汤（清鸡汤 ）
一汤勺熟猪油
一瓣蒜
少许盐
2 汤勺酱油
一小罐蟹肉—（去壳大螃蟹的肉 ）
250 克 芦笋切成小段

制作过程

1. 将做汤的底料蔬菜切成条状,鸡汤煮开后,将切好的做汤底料蔬菜放入汤中煮20分 钟.
2. 炒锅加入猪油烧热,加少许盐,将拍或挤碎的蒜末爆香后,加入汤中,再根据口味加入盐,胡椒, 姜和酱油.蟹肉将水沥干,如有些小碎硬壳应将其挑出来.将蟹肉均匀撒如汤中. 最后将沥干的芦笋加入汤中用微火稍炖即可.

27

Griechenland

 # Zitronen-Spargel-Suppe

Man nehme

- 1 l Hühnerbrühe
- 100 g Reis
- 200 g grünen Spargel
- 100 g tiefgekühlte Erbsen
- 2 Zitronen
- 3 Eier
- Salz

Zubereitung

1. Die Hühnerbrühe aufkochen, den Reis zugeben und 12–15 Minuten garen. Grünen Spargel putzen und schräg in dünne Scheiben schneiden. Mit den tiefgekühlten Erbsen 5 Minuten vor Ende der Garzeit zur Suppe geben.
2. Inzwischen die Zitronen auspressen und die Eier trennen. Eiweiß halbsteif schlagen, Eigelb unterschlagen und dann den Zitronensaft unterrühren.
3. 200 ml Brühe unter Rühren zu den Eiern geben, Mischung zurück in den Topf geben und unter Rühren erhitzen, bis die Suppe bindet: nicht kochen! Mit Salz und grob gemahlenem Pfeffer abschmecken.

Σούπα-λεμόνι-σπαράγγια

Υλικά

- 1 λίτρο ζωμό κότας
- 100 γρ. ρύζι
- 200 γρ. πράσινα σπαράγγια
- 100 γρ. κατεψυγμένο αρακά
- 2 λεμόνια
- 3 αυγά
- αλάτι

Εκτέλεση

1. Βράζουμε το ζωμό κότας. Προσθέτουμε το ρύζι και συνεχίζουμε το βράσιμο για 12-15 λεπτά. Πλένουμε τα πράσινα σπαράγγια και τα κόβουμε σε πλάγιες λεπτές φέτες. Τα ρίχνουμε στη σούπα μαζί με τον κατεψυγμένο αρακά 5 λεπτά πριν τελειώσει το βράσιμο.
2. Στο ενδιάμεσο στύβουμε τα λεμόνια, διαχωρίζουμε τα αυγά. Χτυπάμε το ασπράδι μέχρι να μισοπήξει, προσθέτουμε τους κρόκους συνεχίζοντας να χτυπάμε και μετά ανακατεύουμε τον χυμό απο τα λεμόνια.
3. Προσθέτουμε στα αυγά τα 200 χιλιοστόλιτρα του ζωμού κότας ανακατεύοντας, ρίχνουμε το μείγμα πάλι πίσω στην κατσαρόλα και ζεσταίνοντας συνεχίζουμε να ανακατεύουμε, μέχρι να δέσει η σούπα: χωρίς να τη βράζουμε! Προσθέτουμε το αλάτι και χονδροαλεσμένο πιπέρι.

Belgien

Spargelcremesuppe mit Krabben

Man nehme

- 500 g weißen Spargel
- 3 EL Butter
- 1 EL Mehl
- 125 cl Sahne
- frisch geriebenen Muskat
- frisch gemahlenen weißer Pfeffer
- Salz
- 2 Eigelbe
- Zitronensaft
- 150 g frisch gepultes Krabbenfleisch

Zubereitung

1. Spargel schälen. Schalen waschen, in einem Liter mit 10 g Salz versetzten Wasser etwa 15 Minuten auskochen, abgießen und den Sud auffangen.
2. Spargel im Sud bissfest garen, herausnehmen und in einem Küchenhandtuch abkühlen.
3. Köpfe abschneiden und beiseite legen. Kopflose Stangen achteln, in den Sud legen und pürieren. Butter und Mehl in einer Kasserolle einbrennen, bis sich ein Mehlfilm am Boden des Topfes bildet. Sud hinzufügen und rund 10 Minuten kochen.
4. 3 EL Sahne in eine Tasse geben. Restliche Sahne in einen Topf geben und auf ein Drittel reduzieren. Mit Salz, Muskat und Pfeffer abschmecken. Den durchgekochten Spargelsud hinzugeben und verrühren.
5. Eigelbe mit etwas Zitronensaft und den 3 EL Sahne verquirlen sowie die Suppe – ohne sie zu kochen – legieren, weil sie sonst gerinnt.
6. Spargelspitzen in die Suppe geben und erwärmen.
7. In letzter Sekunde Krabbenfleisch bis auf eine Handvoll in der Suppe erwärmen. Suppe auf vier Teller verteilen und restliches Krabbenfleisch obenauf geben.

Asperge room soep mit garnalen

- 500 g Witte asperge
- 3 EL Boter
- 1 EL Bloem
- 125 cl Room
- Vers geraspte muskaat
- Vers wit pepper poeder
- Zout
- 2 Eigeel
- Citroensap
- 150 g vers gepeld garnalen

1. Asperge schillen. Schillen wassen, ongeveer 15 minuten koken in met
2. 10 g gezouten water, afgieten en aftreksel opvangen.
3. Asperge in het aftreksel beetvast gaaren, eruit nemen en in een keuken handdoek afkoelen. Asperge hoofdjes afsnijden en op de zijde leggen. De hoofdloose asperge stangen in achten delen, in het aftreksel leggen en pureren. Boter en bloem in een pot inbranden tot er een film van bloem op de bodem is. Aftreksel bijvoegen en rond 10 minuten doorkoken.
4. 3 EL room in een kop geven. Overblijvende room in een pot geven en om een deerde reduceren. Met zout, muskaat en pepper op smaak brengen. Het goed door gekoekt asperge aftreksel bijvoegen en verroeren.
5. Eigeel met een beetje citroensap en 3 EL room klutsen en de soep binden zonder te koken, omdat de soep anders zou stollen. Asperge hoofdjes in de soep geven en op-warmen.
6. Gepelde garnalen, behalve een handvol, in de soup opwarmen. Soep in vier soepbor-den verdelen en de overblijvende garnalen bovenop geven.

Smakelijk!

Bulgarien

Grüne Spargelcremesuppe mit Mandeln

Man nehme:

- 500 g grünen Spargel
- 1 EL Butter
- 100 g Mandeln
- 150 g geräucherten Schinken oder Bacon
- Salz, Pfeffer
- Olivenöl

Zubereitung:

1. Die Mandeln in einer Pfanne ohne Fett goldbraun rösten, zur Seite stellen.

2. Schinken in Streifen schneiden und in der gleichen Pfanne, mit etwas Butter eingefettet,auf jeder Seite ca. 2 Minuten anbraten, auf Küchenpapier abtropfen lassen.

3. Den Spargel waschen, die unteren Enden großzügig abschneiden und in gesalzenem kochenden Wasser (ca. 600 ml) mit einer Prise Zucker 4 Min. lang kochen.

4. Den Spargel herausnehmen und mit der restlichen Butter pürieren. Spargelwasser hinzufügen und mit Salz und Olivenöl abschmecken.

5. Die Suppe auf Suppentellern anrichten und mit dem gebratenem Schinken und den Mandeln garnieren und warm servieren.

Кремсупа от зелени аспержи и бадеми

Съставки

- 500 г аспержи
- 1 с.л. краве масло
- 100 г бадеми
- 150 г пушена шунка или бекон
- сол и прясно смлян пипер
- зехтин

Начин на приготвяне:

1. Препечете бадемите в малък тиган, докато получат златист цвят. След като са гошови, заделете ги в друг съд.

2. Нарежете шунката на тънки ленти и я запечете в тигана докато покафенее.

Отцедете излишната мазнина с кухненска хартия.

3. Сложете аспержите в кипяща, леко подсолена и подсладена вода за около 4 мин. Извадете аспержите, но оставете тенджерата с водата на котлона.

5. Пюрирайте аспержите с бучка масло до получаването на хомогенна смес. Добавете останалата от варенето на аспержите вода. Пюрирайте сместа до получаване на желаната консистенция за супа. Овкусете със сол.

6. Сервирайте супата в купа с подредена отгоре шунка и поръсете с бадемите. Поръсете с малко зехтин и прясно смлян черен пипер. Поднесете с препечен хляб

Vietnam

Spargelsuppe & Krebsfleisch

Man nehme

- 900 ml Hühnerbrühe
- 2-3 EL Sonnenblumenöl
- 6 Schalotten, gehackt
- 115 g Krebsfleisch gehackt, frisch oder aus der Dose
- 1 EL Maismehl, mit Wasser zu Paste verrührt
- 2 EL Fischsoße
- 1 Ei, verquirlt
- Salz, Pfeffer
- 350 g grüne Spargelspitzen, halbiert
- Schnittlauch zum Garnieren

Zubereitung

1. Spargel 5–6 Minuten in der Brühe garen, herausnehmen. Öl im Wok erhitzen, Schalotten 2 Min. glasig anbraten. Spargel, Krebs und Brühe dazugeben und 3 Min. kochen.
2. Wok vom Herd nehmen, etwas Flüssigkeit mit Maismehl mischen und zur Suppe geben. Den Wok wieder auf den Herd stellen und Suppe etwas eingedicken lassen.
3. Fischsoße einrühren, salzen, pfeffern, Ei dazugeben. Ei in der Suppe kräftig aufschlagen, damit es Fäden zieht.
4. Zum Schluss Schnittlauch untermischen.

Ungarn

Ungarischer Gemüseeintopf

Man nehme

- 400 g Zuckererbsen
- Salz
- 300 g Karotten
- 300 g Spargel
- 40 g Mehl
- 500 ml Milch
- 300 g Hähnchenbrust
- 70 g Butter
- 1 Prise geriebenen Muskat
- ½ Bund gehackten Schnittlauch
- saure Sahne

Zubereitung

1. Erbsen in Salzwasser 15 Minuten kochen. Unter kaltem Wasser abkühlen und gründlich abtropfen.
2. Möhren und Spargel schälen, in Stifte schneiden und getrennt in ein wenig Wasser mittelweich dämpfen und salzen.
3. Aus Mehl und 40 g Butter eine helle Schwitze herstellen, mit Milch aufgießen und etwas einkochen lassen, bis die Soße dicklich wird.
4. Erbsen, Möhren und Spargel dazugeben und bei geringer Hitze ca. 15 Minuten köcheln.
5. Das Hähnchenfleisch salzen, in schmale Streifen schneiden, in etwas Butter durchbraten, zum Gemüsetopf geben und alles zusammen nochmals ca. 10 Minuten garen lassen.
6. Zum Schluss den Gemüsetopf mit Muskat und Schnittlauch abschmecken, auf Tellern anrichten und mit einem Klecks saurer Sahne garnieren.

Magyaros zöldségegytálétel

Hozzávalók

- 400 g (40 dkg) cukorborsó
- só
- 300 g (30 dkg) sárgarépa
- 300 g (30 dkg) spárga
- 40 g vaj
- 40 g liszt
- 500 ml tej
- 300 g (30 dkg) csirkemell
- 70 g vaj
- egy csípet őrölt szerecsendió
- fél csomag vágott metélőhagyma
- tejföl

Elkészítés

1. A borsót sós vízben 15 percig főzzük. Hideg vízzel leöblítjük és alaposan lecsöpögtetjük.
2. A sárgarépát és a spárgát meghámozzuk, darabokra vágjuk és külön edényben, kevés vízben közepesen puhára pároljuk, megsózzuk.
3. 40 g vajból és lisztből világos rántást készítünk, tejjel felöntjük és addig főzzük, amíg besűrűsödik.
4. 4. Hozzáadjuk a borsót, a répát és a spárgát, és alacsony hőfokon további 15 percig főzzük.
5. A csirkemellet besózzuk, csíkokra vágjuk, kevés vajon megpirítjuk és a zöldségekhez adva további 10 percig kis lángon főzzük.
6. Végül szerecsendióval és metélőhagymával ízesítjük, tálaláskor a tetejét tejföllel díszítjük.

Salate

Spargelsalat aus alten DDR-Zeiten

Das Spargelsalatgericht war in der DDR sehr beliebt.

Leider gab es Sauce Hollandaise damals nicht in Tüten oder anderweitigen Verpackungen. Deshalb wurde improvisiert: saure Sahne, Schlagsahne, Essig und etwas Ananassaft aus der Dose. Alle Zutaten waren schwer zu beschaffen, sie gab es nur im »Deli«. Eben eine Delikatesse!

Man nehme

- 200 g grünen Spargel
- 200 g weißen Spargel
- 200 g saure Sahne
- 2 EL Schlagsahne
- 3 Scheiben Ananas (aus der Dose)
- 125 g gepulte Krabben
- 2 EL Weinessig
- 1 TL Zucker
- Salz, schwarzer Pfeffer
- 1 EL Butter
- 1 Bund Petersilie

Zubereitung

1. Die weißen Spargelstangen schälen, die grünen nur unten etwas schälen. In Salzwasser und etwas Zucker 10 Minuten garen. Mit kaltem Wasser abschrecken und abtropfen lassen.
2. Herstellung der Marinade: Saure Sahne, Essig und die Schlagsahne verrühren, Ananassaft aus der Dose hinzufügen. Mit etwas Salz abschmecken.
3. Den Spargel und die Ananas in Stücke schneiden. Die Krabben in der Pfanne mit der Butter anschwenken, mit etwas Salz und Pfeffer würzen.
4. Anrichten: Die Petersilie waschen, hacken und über den Salat streuen.

Südafrika

 # Couscous-Spargelsalat mit Minzdressing

Man nehme

- 300 g grünen Spargel
- 4 Stangen Lauchzwiebeln
- 3 Tomaten
- ½ Salatgurke
- ½ Bund Petersilie
- ½ Bund Minze
- ½ Zitrone
- 2 EL Olivenöl
- etwas Salz und Pfeffer
- 200 g Couscous
- 350 ml Gemüsebrühe
- 250 g Jogurt

Zubereitung

1. Spargel in Salzwasser ca. 7 Minuten bissfest kochen, abkühlen lassen und schräg in ca. 2 cm lange Stücke schneiden. Lauchzwiebeln putzen und in feine Ringe schneiden, Tomaten vierteln und entkernen, die Gurke schälen, halbieren, entkernen und kleinwürfeln.
Kräuter waschen, trockentupfen und fein schneiden (Minze und Petersilie nicht mischen).
Couscous in einer Schüssel mit kochender Brühe übergießen, mit einem Teller abdecken und 5 Minuten ziehen lassen (bis die Flüssigkeit aufgesogen ist).

2. Für die Marinade:
Zitrone auspressen. 3 EL Zitronensaft mit Olivenöl verrühren und mit Salz und Pfeffer abschmecken.

3. Marinade unter den Couscous rühren. Spargel, Lauchzwiebeln, Tomate, Gurke und Petersilie unterheben und auf einem Teller anrichten.

4. Jogurt mit der Minze vermengen und mit etwas Zitronensaft, Salz und Pfeffer abschmecken und über den Salat geben.

Couscous en aspersieslaai met kruisementsous

Bestandele

- 300 g groen aspersies
- 4 prei
- 3 tamaties
- 1/2 komkommer
- 1/2 bossie pietersielie
- 1/2 bossie kruisement
- 1/2 suurlemoen
- 2 teelepels olyfolie
- sout en peper
- 200 g couscous
- 350ml groente aftreksel
- 250 g yogurt

Voorbereiding

1. Kook aspersies in soutwater vir ongeveer 7 minute, laat afkoel en sny dan die aspersies in stukkies van ongeveer 2 cm in deursneë. Sny die pruie in dun ringetjies, die tamaties in kwarte en verwyder die pitte, skul die kommommer en halveer dit en verwyder die pitte, sny die komkommer dan in blokkies. Snipper die kruie baie fyn (doen afsonderlk) Plaas die couscous in `n bak en gooi kookwater oor dit en laat staan totdat die water geabsorbeer is.
2. Marinade:
   Druk die sap van die suurlemoen uit en meng met olyfolie en voeg sout en peper by.
3. Meng die marinade met couscous, aspersies, pruie, tamaties, komkommer en vou die kruie in.
4. meng die yogurt met die kruisement en voeg `n bietjie suurlemoensap by en gooi oor die couscousslaai.

Warmer Spargelsalat mit Speck, Haselnüssen und Enteneiern

Man nehme

- 4 Scheiben durchwachsenen geräucherten Speck
- 2 Enteneier (oder 4 große Hühnereier)
- 500 g grünen Spargel, ungefähr 30 mitteldicke Stangen
- 50 g geröstete und kleingehackte Haselnüsse
- 3 EL Haselnussöl
- 3 EL Rapsöl
- 1 EL Apfelessig
- 2 TL Dijonsenf
- Pfeffer und Salz

Zubereitung

1. Speck 5 Minuten auf dem hocherhitzten Grill knusprig braten. Mit einer Schere in Stücke schneiden und beiseite stellen. Die Eier in kochendem Wasser 8 Minuten kochen (Hühnereier 5 Minuten), Wasser abgießen und Eier abschrecken.

2. Alle Öle, Essig und Senf mit Pfeffer und Salz abschmecken. Spargelenden kürzen.

3. Kurz vor dem Servieren Haselnüsse und Speck in einen warmen Ofen geben. Eier halbieren und würzen. Einen Topf mit gesalzenem Wasser zum Kochen bringen. Den Spargel ungefähr 5 Minuten bissfest kochen, Wasser abgießen und auf 4 Teller verteilen.

4. Eihälften auf den Spargel setzen, mit Nüssen und Speck bestreuen und mit Soße in einem Zickzack-Muster beträufeln.

Salad of aspargus with bacon, hazelnuts and duck eggs

Ingredients

- 4 rashers smoked streaky bacon
- 2 duck eggs (or 4 large hen's eggs)
- 500 g green aspargus, about 30 medium spears
- 50 g hazelnuts, toasted and crushed
- 3 tbsp hazelnut oil
- 2 tbsp rapeseed oil
- 1 tbsp cider vinegar
- 2 tsp Dijon mustard

Directions

1. Heat the grill to high and cook the bacon for 5 minutes until crisp, then snip with scissors into pieces. Set aside. Cook the eggs in boiling water for 8 mins (5 mins for hen's eggs), drain and plunge into ice water.
2. Whisk all dressing ingredients together, taste with salt and pepper. Prepare the asparagus by snapping off the base of each spear.
3. Just before serving, put the nuts and bacon into a warm oven. Halve the eggs and season. Bring a pan of salted water to the boil. Cook the asparagus for about 5 mins, until just tender. Drain, then divide between 4 plates.
4. Add egg halves, sprinkle with nuts and bacon, then drizzle with dressing in a zigzag pattern.

Pizzen, Aufläufe, Risottos

Italien

Spargelomelett

Frittata di Asparagina

Man nehme

- 500 g wilden oder dünnen grünen Spargel
- 6 Eier
- 3 EL frisch geriebenen Parmesan
- 4 EL Olivenöl »extra vergine«
- Salz
- weißen Pfeffer

Ingredienti

- 500 g di asparagina selvatica o asparagi verdi
- 6 uova
- 3 cucchiai di parmigiano grattugiato
- 4 cucchiai di olio di oliva extra vergine
- sale
- pepe bianco

Zubereitung

1. Den Spargel kurz kochen oder dämpfen, so dass er noch Biss hat. In Eiswasser abschrecken. Die harten Enden abschneiden.
2. Eier verquirlen, Parmesan, Salz und Pfeffer dazugeben. Spargel in die Eimasse geben und alles in einer mit Olivenöl erhitzten, beschichteten Pfanne verteilen.
3. Langsam stocken lassen. Das Omelett auf einen Teller stürzen und in die Pfanne gleiten lassen. Kurze Zeit auf der zweiten Seite backen und auf einer Platte servieren.

Preparazione

1. Cuocere al vapore o lessare brevemente gli asparagi per conservare la consistenza. Tagliare la parte dura.
2. Sbattere le uova, aggiungere parmigiano, sale e pepe. Unire gli asparagi e versare tutto in una padella antiaderente scaldata con olio di oliva.
3. Girare la frittata su un piatto e far scivolare nella padella. Cuocere per poco tempo dall'altra parte e servire su un piatto.

Spargelflammkuchen mit Serrano-Schinken

Man nehme

- 10 g frische Hefe
- 250 g Mehl
- ½ TL Salz
- 100 ml Buttermilch
- 4 EL Olivenöl
- 400 g weißen Spargel
- 2 Zweige Rosmarin
- 40 g italienischen Hartkäse
  (z. B. Grana Padano)
- 150 g Crème fraîche
- Schwarzen Pfeffer (frisch gemahlen)
- grobes Meersalz
- 12 Scheiben Serrano-Schinken
  (dünn geschnitten)

Zubereitung

1. Hefe zerbröseln und in 4 EL warmem Wasser auflösen. Mit Mehl, Salz, Buttermilch und 2 EL Öl zuerst mit Knethaken des Handrührers, dann mit Händen zu einem glatten Teig verkneten. Zu einer Kugel formen und zugedeckt an einem warmen Ort 2 Stunden gehen lassen.

2. Spargel schälen und Enden abschneiden. Spargelstangen mit Sparschäler längs in dünne Scheiben schälen und mit feuchtem Küchentuch abdecken. Rosmarinnadeln von Zweigen zupfen. Käse in feine Späne hobeln. Backblech im Ofen bei 250 Grad (Umluft nicht empfehlenswert) vorheizen.

3. 4 Stücke Backpapier in Blechgröße zuschneiden. Teig mit Händen durchkneten und in 4 Portionen teilen. Nacheinander auf je einem Bogen Backpapier dünn ausrollen. 10 Minuten ruhen lassen, dann noch dünner ausrollen.

4. Teigfladen mit Crème fraîche bestreichen, mit Spargelscheiben belegen und mit Rosmarin bestreuen. Mit Pfeffer und Meersalz würzen. Nacheinander jeweils einen belegten Teigfladen auf das heiße Blech ziehen und im heißen Ofen auf mittlerer Schiene 7–9 Minuten goldbraun backen. Mit jeweils 3 Scheiben Schinken und 1 EL Käse belegen. Mit ½ EL Öl beträufeln und sofort servieren.

Tarta de Espárragos en la hoguera con Jamón Serrano

Ingredientes

- 10 grm levadura fresca
- 250 grm harina
- ½ cuchara de té de sal
- 100 ml suero de leche
- 4 cucharas de aceite de olivo
- 400 grm de espárragos blancos
- 2 ramos de romero
- 40 grm de queso Italiano (por ejemplo Grana Padano)
- 150 gmr Créme Fraíche o crema espesa natural
- pimienta negra
- sal de mar
- 12 rebanadas delgadas de jamón serrano

Preparación

1. Desbaratar la levadura y agregar cuatro cucharadas soperas de agua caliente. La harina, la levadura, la sal, el suero de leche y dos cucharadas soperas de aceite de olivo se mezclan perfectamente con la batidora, y después con las manos hasta formar una bola uniforme que se deja reposar en un lugar a temperatura ambiente por dos horas.

2. Lavar los espárragos y cortar la parte inferior del espárrago, este se cortará en revanadas delgadas a lo largo con el pelador especial para espárragos, después se cubren con un lienzo humedo. Deshojar el romero y desbaratar el queso en virutas. Se precalienta el horno a 250 grados, sin aire.

3. Se cortan 4 pedazos de papel para hornear, la maza se parte en cuatro y en cada papel se extiende hasta que quede una capa delgada; se deja descanzar por diez minutos y se vuleve a extender la masa de modo que quede lo mejor extendida posible.

4. La maza ya extendida se barniza con creme fraisché, los espárragos se esparcen, se hace lo mismo con el romero y se sasona con sal de mar y pimienta.

5. Después se introduce cada bandeja al horno en l parte de en medio del horno y se deja dorar de 7 a 9 minutos.

6. Se saca y se ponen las rebanadas de jamón serrano y se espolvorea el queso, al final se acompaña roceando un poco de aceite de oliva y se sirve de inmediato.

Kroatien

Arborio-Risotto mit istrischem Prosciutto und Spargel

Rižot-Arborio sa istarskim pršutom i špargama

Spargel – der Geschmack des Frühlings in Kroatien! Der Spargel in Kroatien zeichnet sich durch einen besonderen Charakter und Geschmack aus, den er dem besonderen Aerosolgemisch der Meeres- und Gebirgsluft verdankt.

Šparoga – ukus proljeća u Hrvatskoj!
Šparoga u Hrvatskoj karakterizira poseban ukus i karakter, koji je dobio od posebne aerosolskoj mješavine od mora i planinskog zraka.

Man nehme

- 200 g Arborio-Reis
- 200 g Spargel
- 200 g Prsut (traditioneller istrischer Schinken)
- 80 g Butter
- 40 g Grana Padano
- Petersilie, Salz und Pfeffer
- 400 ml Weißwein
- 80 ml Olivenöl
- Hühnerfond

Sastojci

- 200 g Arborio riže
- 200 g šparoge
- 200 g pršuta (tradicijonalni istarski prsut)
- 80 g maslac
- 40 g Grana Padano (talijanski tvrdi sir)
- peršin, sol, papar
- 4 dl bijelo vino
- 0.8dl maslinovo ulje
- kokošije juhe

Zubereitung

1. Zwiebeln, Spargel und Prosciutto in Olivenöl anbraten.
2. Den Arborio-Reis hinzufügen und dünsten, bis er glasig wird. Wasser, Weißwein und Hühnerbrühe dazugeben und köcheln lassen, bis der Reis »al dente«, also bissfest gekocht ist. Abschließend Butter, Gewürze (Salz und Pfeffer) und Grana Padano hinzufügen.
3. Mit feingehackter Petersilie bestreut servieren.

Priprema

1. Luk, šparogu i pršut u maslinovo ulje zapeći.
2. Arborio rižu dodati i pirjati dok je staklasta. Vodu, bijelo vino i kokošiju juhu dodati i pirjati dok se riža skuha »al dente«. U zaključku maslac, začini (sol, papar) i Grana Padano dodati.
3. Poslužite sa posutim fino sjeckanim peršinom Dobar Tek

Österreich

Spargel-Topfen-Strudel

Man nehme

- 500 g grünen Spargel
- 500 g Quark (Magerquark)
- 250 g Schinken, dünn aufgeschnitten
- 3 große Eier
- Salz
- 100 g Mozzarella (oder Pizzakäse, gerieben)
- 50 g Parmesan, frisch gerieben
- Pfeffer
- Muskat
- Oregano
- Basilikum
- etwas Weißenwein
- etwas Öl
- Fett für die Form
- Mehl für die Form

Zubereitung

1. Das untere Drittel vom Spargel schälen. Spargel in Salzwasser mit etwas Öl und etwas Weißwein nicht ganz bissfest kochen (nicht weichkochen).
2. Quark (Topfen) in einer Schüssel mit dem Mixer glattrühren, die Eier dazugeben und unterrühren. Mit Salz, Pfeffer, etwas Muskat, Oregano, Basilikum, Parmesan abschmecken.
   Den Schinken in dünne Streifen schneiden. Den Spargel in ca. 0,5 cm lange Stücke schneiden.
   Schinken und Spargel unter die Quarkmasse heben. Mit dem Kochlöffel alles gut durchmischen, den Spargel aber nicht zerdrücken.
3. Die Masse in eine gefettete und bemehlte Auflaufform geben, glattstreichen und mit Mozzarella oder geriebenem Pizzakäse bestreuen.
4. Im vorgeheizten Backrohr bei 180 Grad ca. 30 Minuten überbacken.

Georgien

Spargelpfanne Gurdshaanie

Man nehme

- 1 kg weißen Spargel
- 1 Zwiebel
- 2 EL Öl
- 2 Eier
- Koriander
- Sauerampfer
- Petersilie
- Pfeffer
- Salz

Zubereitung

1. Spargel schälen, halbgar kochen und in mundgerechte Stücke schneiden.
2. In etwas Öl kleingehackte Zwiebel anbraten, Spargel dazugeben und einige Minuten dünsten. Mit Kräutern, Salz und Pfeffer abschmecken. Vorsicht beim Koriander!
3. Zwei Rühreier drunterheben, zudecken und stocken lassen. Dazu wird frisches Fladenbrot gereicht.

სატაცური გურჯაანულად

კგ სატაცური გავთალოთ და ნახევრად მოვხარშოთ, ჩვენი გემოვნებით ნაჭრებად დავჭრათ. ზეთში მოვშუშოთ წვრილად დაჭრილი ხახვი, დავუმატოთ სატაცური და რამოდენიმე წუთი ვაცადოთ ორთქლში მოთუშვა. შემდეგ დავამატოთ მწვანა, ცოტა ოხრახუში და ცოცხალი ქინძი(ფრთხილად!!!), მარილი და ახლად დაფქვილი პილპილი. გავთქვიფოთ ორი კვერცხი, მოვასხათ სატაცურს და ასე გავაჩეროთ ცეცხლზე. მზა კერძს ლავაშთან ერთად მიირთმევენ.

Tschechien

 # Spargel in Zitronensoße nach M. Sandtnerová

Man nehme

- 500 g Spargel
- 30 g Butter
- 50 g Mehl
- 1 Zitrone
- Salz
- Pfeffer
- Petersilie

Zubereitung

1. Spargel in Salzwasser kochen. Das Gemüse wird entweder als Vorspeise oder als Hauptgericht mit Reis oder mit Nudeln serviert.
2. Für die Soße wird Mehlschwitze mit dem Kochwasser vermischt, mit Salz, Pfeffer, Zitronensaft und frischer Petersilie abgeschmeckt.

Chřest v omáčce

Ve slané vodě uvařený chřest vložíme do omáčky upravené z máslové jíšky a vody, v níž chřest se vařil. Opepříme, přísolíme, okyselíme citronovou šťávou a přisypeme jemně sekanou zelenou petrželku. Chřest podáváme jako předkrm, ale také jako samostatný pokrm s dušenou rýží.

Rozpočet pro pět osob: Na 50 dkg chřestu si upravíme omáčku ze 3 dkg másla a 5 dkg mouky – zelená petržel - 1 citron – sůl.
M. Sandtnerová, Kuchařka, 1924

Italien

 **Spargel-Pizza**

Pizza di asparagi

Man nehme

- 250 g Mehl
- 150 g Butter
- 1 Ei
- Salz
- 1 kg weißen Spargel
- 1 TL Zucker
- 200 g Salami am Stück
- 150 g Tomaten
- 200 g TK-Erbsen
- 100 g geriebenen Emmentaler
- 1 bis 2 EL Pizzagewürz (Kräutermischung)

Ingredienti

- 250 g farina
- 150 g burro
- 1 uovo
- sale
- 1 kg asparagi bianchi
- 1 cucchiaino di zucchero
- 200 g salamino
- 150 g pomodori
- 200 g piselli congelati
- 100 g formaggio Emmenthal grattugiato
- 1 a 2 cucchiai miscela di erbe (per pizza)

Zubereitung

1. Mehl, Butter, Ei und ½ TL Salz zu einem glatten Teig verkneten. Zu einer Kugel formen, in Frischhaltefolie wickeln und ca. 30 Minuten kühlen.
2. Spargel waschen, schälen, Enden entfernen. Stangen in ca. 3 cm lange Stücke schneiden und in ca. 1,5 l Wasser mit 1 TL Salz sowie Zucker ca. 8 Minuten kochen, dann abgießen.
3. Backofen auf 200 Grad vorheizen.
4. Spargel abtropfen lassen. Eine Springform fetten und mit dem Teig auskleiden. Einen Rand formen.
5. Spargel auflegen. Salami würfeln und aufstreuen. Tomaten waschen und in Scheiben schneiden. Mit den Erbsen auf die Pizza geben. Käse und Pizzagewürz aufstreuen. 20 bis 30 Minuten backen.

Preparazione

1. Impastare farina, burro uovo e mezzo cucchiaino di sale per ottenere una pasta liscia e omogenea. Formare una palla d'impasto, incellofanare e mettere in frigo per 30 minuti.
2. Lavare e pelare gli asparagi, rimuovere le punte. Tagliare in pezzi di 3 cm ca., bollire per 8 minuti in 1,5 l di acqua con un cucchiaino di sale e zucchero, scolare.
3. Riscaldare il forno a 200 gradi.
4. Scolare bene gli asparagi. Oleare una tortiera e rivestire con la pasta, creando un bordo.
5. Disporre gli asparagi. Tagliare il salamino a cubetti e aggiungere. Lavare i pomodori e tagliarli a fette. Distribuire con i piselli sulla pizza. Aggiungere il formaggio e la miscela per la pizza. Cuocere per 20–30 minuti.

spargel vegetarisch

Italien

Gebratener Grüner Spargel mit Nudelnestern und Pesto

Man nehme

- 1 kg grünen Spargel

Nudelnester
- 1 Knoblauchzehe
- 1 Bund Frühlingszwiebeln
- 1 Chilischote
- 450 g Spaghetti
- 1 EL Olivenöl
- 1 EL Petersilie
- 4 Eier
- 30 g Parmesan
- Salz
- Pfeffer

Tomatenpesto
- 80 g getrocknete Tomaten in Öl
- ½ Bund Basilikum
- 120 ml Olivenöl
- 1 Knoblauchzehe
- 60 g frisch geriebenen Parmesan
- 40 g Walnüsse

Zubereitung

1. Spaghetti al dente kochen. Eine Knoblauchzehe kleinhacken, Frühlingszwiebeln in feine Streifen schneiden und die Chilischote längs halbieren, entkernen sowie feinhacken.
2. Alles mit den gekochten Spaghetti, Olivenöl, Petersilie, Salz und Pfeffer vermischen und in eine gefettete sechsmuldige Miniform geben.
3. Eier mit dem geriebenen Parmesan verrühren, salzen, pfeffern und auf die Nudeln geben. Im vorgeheizten Ofen 15 Minuten bei 210° C auf der zweiten Schiene von unten backen.
4. Spargel am unteren Ende schälen und braten.
5. Tomaten, Basilikum, Olivenöl und die andere Knoblauchzehe im Mixer oder mit dem Pürierstab zerkleinern. Dann die Nüsse und den Käse zufügen und noch einmal gut durchmixen. Gegebenenfalls abschmecken und mit Salz und Pfeffer noch etwas nachwürzen.

Nidi di pasta e pesto con asparagi fritti

Ingredienti

- 1 kg asparagi verdi

Nidi di pasta
- 1 spicchio d'aglio
- 1 mazzo cipolle di primavera
- 1 peperoncino
- 450 g spaghetti
- 1 cucchiao
- Olio d'oliva
- 1 cucchiao

Di prezzemolo
- 4 uova
- 30 g parmigiano
- sale
- pepe

Pesto al pomodoro
- 80 g pomodori secchi sott'olio
- ½ mazzetto di basilico
- 120 ml olio di oliva
- 1 spicchio d'aglio
- 60 g parmigiano gratugiato
- 40 g noci

Preparazione

1. Tagliuzzare lo spicchio d'aglio. Tagliare le cipolle di primavera in strisce sottili. Tagliare il peperoncino a metà, togliere i semi e sminuzzare. Mischiare tutto con gli spaghetti bolliti, olio d'oliva, prezzemolo, sale e pepe e versare in una miniteglia a 6 fori.
2. Sbattere le uova con il parmigiano grattugiato, salare, pepare e versare sulla pasta. Cuocere nel forno preriscaldato per 15 minuti a 210 °C sul secondo binario dal basso..
3. Pelare gli asparagi in basso, friggere.
4. Tritare pomodori, basilico, olio d'oliva e aglio nel mixer o con il minipimer. Aggiungere noci e formaggio e mischiare di nuovo. Eventualmente aggiungere sale o pepe.

Japan

Tofu-Carpaccio mit Spargel

**Italienisches Konzept trifft auf japanische Zutaten:
die »Fusion Küche« läuft zur Hochform auf!**

Man nehme

- 1 Würfel Tofu (Bio)
- 4 EL Sojasoße, japanische oder koreanische
- 4 EL Reisessig oder anderen milden Essig
- 1 Stange Porree
- 2 kleine Karotten
- 4 Stangen Spargel, weiß oder grün
- 2 Stückchen Ingwer
- 1 Knoblauchzehe
- 2 TL Sesam
- 2 EL Koriandergrün

Zubereitung

1. Den Tofu in dünne Scheiben schneiden und zwei Teller damit belegen. Porree, Karotten und Ingwer in feine Streifen schneiden und in eine Schüssel geben. Den Knoblauch feinhacken und den Spargel schräg in feine Scheibchen schneiden. Wenn die Spargelstangen etwas dicker sind, vorher längs halbieren.

2. Sojasoße und Essig hinzufügen und mit dem Gemüse vermengen. Das Gemüse aus der Soße heben und mittig auf das Tofu Carpaccio häufen. Die Tofuscheiben mit der Marinade beträufeln.

3. Den Sesam in einer beschichteten Pfanne ohne Fett kurz anrösten und beide Teller damit bestreuen. Zum Schluss Koriandergrün hacken und ebenfalls darüberstreuen.

豆腐カルパッチョ、アスパラガス添え
イタリア料理を日本の調味料で。
「料理の融合」は絶好調です！

材料

- 豆腐　1丁
- 日本あるいは韓国の醤油　大さじ4
- 米酢あるいは他のマイルドな酢　大さじ4
- 西洋ねぎ　1本
- ニンジン　小2本
- 白アスパラガスあるいは緑アスパラガス 4本
- 生姜　2かけら
- ニンニク　2かけら
- ごま　小さじ1
- コリアンダー　大さじ2

作り方

1. 豆腐を板状に切り、お皿2枚に並べる。西洋ねぎ、ニンジン、生姜を千切りにし、ボールに入れる。ニンニクをみじん切りにし、アスパラガスを斜めに薄切りにする。太いアスパラガスの場合には、あらかじめ縦に二等分しておくと良い。
2. ボールに醤油と酢を加え、1で用意した野菜と混ぜる。汁を切って野菜を豆腐のカルパッチョの上に盛る。残った汁をスプーンで豆腐の上にかける。
3. ゴマをフライパンで軽く煎り、振り掛ける。最後にコリアンダーをみじん切りにして散らす。

Frankreich

Grüner Spargel mit Oliven und Anis

Man nehme

- 32 grüne Spargelstangen
- grobes Salz (zum Kochen und für die Soße)
- 300 g frische, feste Auberginen
- 1 Knoblauchzehe (geschält)
- 1 EL Olivenöl
- 60 g schwarze Oliven
- 80 g Butter
- 1 TL grüne Aniskörner
- 1 Zitrone
- Olivenöl
- Salz und Pfeffer
- Dill und Fenchelkraut zum Dekorieren

Zubereitung

1. Spargel an den unteren Enden schälen, zu Bündeln zusammenbinden, am unteren Ende auf gleicher Länge abschneiden. Salz in kochendes Wasser geben, den Spargel 10 Minuten darin kochen. Herausnehmen, mit heißem Wasser abspülen und warmhalten.

2. Die Auberginen schälen und in ca. 1 cm große Würfel schneiden. Die Haut in dünne Streifen schneiden, im Salzwasser abkochen und kalt abspülen. Die Würfel 15 Minuten wässern, dann in kochendes Wasser geben und 10 Minuten kochen. Ebenfalls kalt abspülen und auf Küchenkrepp abtropfen lassen.

3. Die Auberginen, Olivenöl, Knoblauch, Salz, Pfeffer und der Hälfte der schwarzen Oliven in eine beschichtete Pfanne geben. Kurz anbraten und vor dem Servieren Zitronensaft zugeben. Die andere Hälfte der Oliven entkernen, in kleine Stücke schneiden und zweimal blanchieren.

4. Die Aniskörner in 50 ml Wasser aufkochen, Butter und Olivenöl hinzugeben und einen Schuss Zitronensaft beimischen, salzen und pfeffern. Zuletzt die andere Hälfte der Oliven in die Soße geben.

5. Das Auberginengemüse auf vorgewärmten Tellern anrichten, den Spargel darüberlegen (4–6 Stangen) und Soße dazu geben. Mit Oliven und Dillkraut dekorieren.

Asperges vertes aux olives et à l'anis

Ingrédients

- 32 asperges vertes
- gros sel (pour la cuisson et pour la sauce)
- 300gr. d'aubergines fraîches
- 1 gousse d'ail (émincée)
- 1 cuillère à soupe d'huile d'olive
- 60gr. d'olives noires
- 80gr. de beurre
- 1 cuillère à café d'anis moulu
- 1 citron
- Huile d'olive
- Sel et poivre
- Aneth et fenouil pour la décoration

Préparation

1. Eplucher la partie inférieure des asperges, les attacher ensemble et les couper à la même longueur. Mettre gros sel dans de l'eau bouillante et y plonger les asperges pendant 10 minutes. Ne pas couvrir la casserole. Après les avoir sorties de l'eau, rincer les asperges à l'eau chaude et les maintenir au chaud.

2. Eplucher les aubergines et les couper en dés d'environ 1cm. Couper la peau en fines tranches et les faire bouillir dans de l'eau salée puis les rincer à l'eau froide. Faire tremper les dés d'aubergines 15 minutes dans l'eau puis les faire cuire 10 minutes dans de l'eau bouillante. Les rincer à l'eau froide et laisser égoutter.

3. Mettre l'huile à chauffer dans une poêle et y ajouter les dés d'aubergine, la gousse d'ail, le sel, le poivre et la moitié des olives noires. Faire revenir et ajouter le jus d'un citron avant de servir. Dénoyauter le reste des olives, les couper en petits morceaux et les blanchir deux fois.

4. Faire bouillir l'anis dans 50ml d'eau et ajouter le beurre et l'huile d'olive. Incorporer un jus de citron. Pour finir, ajouter le reste des olives dans la sauce.

5. Disposer les aubergines sur des assiettes préchauffées et déposer les asperges par-dessus (4-6 asperges). Verser la sauce. Décorer avec des olives et de l'aneth.

Spargel in Nusssoße

Man nehme

- 700 g Spargel
- Salz
- 1 EL Zitronensaft
- 1 EL Zucker
- 1 TL Butter
- 3 Eigelb
- 100 g Butter
- 1 TL weißen Pfeffer
- 120 g gehackte Haselnüsse

Zubereitung

1. Wasser mit Salz, Zucker, Butter und Zitronensaft zum Kochen bringen.
2. Spargel schälen und 15 Minuten darin kochen, danach abseihen.
3. In einer Kasserolle Butter mit dem Eigelb verrühren, die Kasserolle in einen größeren Topf mit kochendem Wasser hineinstellen, die Butter-Eigelb-Masse im Wasserbad mit einem Schneebesen schaumig schlagen. In die schaumige Butter-Eigelb-Masse weißen Pfeffer, eine Prise Salz und zum Schluss die gehackten Haselnüsse hineinrühren.
4. Eine feuerfeste Auflaufform mit Butter ausfetten, Spargel kleinschneiden und die Auflaufform damit auslegen, mit Soße übergießen.
5. Die Auflaufform für einige Minuten in den vorgeheizten Backofen stellen, bis sie heiß ist.
6. Der Auflauf ist eine außergewöhnlich raffinierte Beilage zu weißem Fleisch oder als heißer Imbiss zu genießen.

Szparagi w orzechowym sosie

- 700 g szparagów
- sól
- łyżka cukru
- łyżeczka masła
- 3 surowe żułtka
- 100 g masła
- łyżeczka białego pieprzu
- 120 g drobno posiekanych orzechów laskowych

1. Zagotowujemy osoloną wodę z cukrem, masłem i sokiem z cytryny. Wkładamy obrane szparagi, gotujemy 15 minut, odcedzamy.
2. W rondelku ucieramy masło z żułtkami, rondelek ustawiamy w garnku z wrzącą wodą i trzepaczką ubijamy na parze, dodając pieprz, szczyptę soli, a pod koniec orzechy.
3. Żaroodporny półmisek smarujemy masłem, wykładamy pokrojone szparagi, polewamy sosem, wstawiamy na kilka minut do nagrzanego piekarnika.
4. Niezwykle wykwintny dodatek do białych mięs lub gorąca przekąska.

Spanien

Wilder Spargel auf andalusische Art

Man nehme

- 600 g wilden oder grünen Spargel
- 20 g Mehl
- 1 Ei
- 1 EL Milch
- 75 ml Olivenöl
- Salz
- Pfeffer

Zubereitung

1. Den Spargel putzen, waschen und die Spitzen etwa 14 cm lang abschneiden. Der restliche Spargel kann anderweitig verwendet werden.
2. Etwas Wasser in einen Topf zum Kochen bringen und salzen. Die Spargelspitzen darin etwa 2–3 Minuten knapp bissfest garen. Herausnehmen und gut abtropfen lassen.
3. Das Ei mit der Milch kräftig verquirlen. Das Öl in einer Pfanne stark erhitzen.
4. Die Spargelspitzen in Mehl wenden, in die Ei-Milch-Mischung tauchen und sofort im sehr heißen Olivenöl goldgelb braten.
5. Herausnehmen und auf Küchenpapier abtropfen lassen. Die gebratenen Spargelspitzen salzen, pfeffern und heiß servieren.

Espárragos según el arte andaluz

Ingredientes

- 600 grm de espárragos triguero o espárragos verdes
- Sal
- 1 huevo
- 1 cuchara sopera de leche
- 75 grm de aceite de olivo
- 20 grm de harina
- pimienta

Preparación

1. Se lavan y limpian los espárrago, cortar cada uno partiendo de la cabeza del espárrago apróximadamente 14 cm. El resto de los espárragos se puede utilizar de otra forma.
2. Hervir un poco de agua con sal, y dejar hervir los espárragos por dos o tres minutos hasta que queden casi cocidos en su punto. Se sacan y se dejan escurrir lo mejor posible.
3. Mezclar un huevo y la leche, mientras tanto se pone un sartén a calentar con aceite.
4. Cada espárrago se barniza en harina por todos lados y se sumergen en la mezcla de huevo y leche y de inmediato se fríen en un sartén hasta que tomen un color dorado.
5. Sacar los espárragos y tratar de extraer los restos de aceite con papel de cocina. Los espárragos se condimentan con sal y pimienta y se sirven calientes.

Rumänien

Vegetarische Spargelbuletten im Backofen

Alice Kanterian und ihre Mutter Dr. M. Kanterian über die Auswahl des Rezeptes:

»Inspiriert wurden wir vom Kochbuch ›Sanda Marin‹. Unter diesem Pseudonym veröffentlichte Cecilia Maria Zapan in dem von ihrem Vater – Prof. Ion Simionescu – geleiteten Verlag ihr Kochbuch, welches seit nahezu 80 Jahren in den rumänischen Küchen regiert. Diese Frau aus reichem Hause unterhielt in der Zwischenkriegszeit – nach ihrem Klavierstudium in Paris – in Bukarest eine Art Salon ganz im Bourgeois-Stil. Sie war eine gebildete Gastgeberin, die Deutsch, Französisch und Englisch perfekt beherrschte und hochkarätige Gäste aus Politik, Wirtschaft und den schönen Künsten zu sich lud und Ihnen ihre eigenen Kreationen kredenzte. Da sie nicht nur eine feine Dame der damaliger Bukarester Gesellschaft der 1930er-Jahre war, sondern so ganz nebenbei auch eine passionierte Köchin, und ganz unzufrieden mit den Kochwerken auf dem Markt, entschied sie sich 1936, ihr eigenes Kochbuch herauszubringen. Dieses Kochbuch prägte die rumänische Küche!«

Man nehme

- 1 kg grünen Spargel
- 2 EL Mehl
- 2 EL geriebenen Käse, z.B. Emmentaler
- 1 EL Butter
- 3 Eier
- 2 EL Schmalz
- 1 Tasse Crème Fraîche
- Salz
- Olivenöl

Zubereitung

1. Den Spargel schälen, wie gewohnt kochen, abgießen und trockentupfen.
2. Durch den Fleischwolf drehen. Den Käse mit einem Esslöffel Butter untermischen. Die Eier schlagen und vorsichtig hinzufügen. Mit Himalayasalz Crystal-Pink würzen. Eine homogene Masse schaffen, die der dickflüssigen Konsistenz von Crème Fraîche entspricht. Daraus kleine Bällchen mit einem Esslöffel formen und in einer heißen Pfanne im Schmalz beidseitig leicht goldbraun anbraten. Eine feuerfeste Form mit Olivenöl ausstreichen und die Buletten darauf anrichten.
3. Mehl, Crème Fraîche und eine Prise Salz vermengen und auf die Buletten streichen. Zum Schluss den geriebenen Emmentaler auf die Buletten streuen.
4. Ab in den vorgeheizten Backofen. Bei mittlerer Hitze ca. 20–30 Minuten backen.

Pofta buna! Guten Appetit!

Chiftele vegetariene de spdranghel la cuptor

- 1 kg sparanghel
- 2 linguri de făină
- 2 linguri de brânză rasă
- 1 lingură de unt
- 3 ouă
- o ceaşcă de smântână
- sare organică
- ulei de măsline

1. Pentru chiftele se preferă sparanghelul cu firul verde si subtire.
2. Se curătă, se fierbe si se scurge bine de apa. Se trece prin masina de tocat carne. Se adaugă brânza, o linguriţă de unt. Ouăle puse pe rând, sare. Se amestecă totul impreună. Se face o pastă ca o smântână groasă. Se ia cu lingura din compoziţie, şi se dă drumul într-o tigaie cu untura fierbiente. Se rumenesc chiftelele pe o parte si pe alta. Se asază într-o formă care merge la foc. Se toarnă deasupra smântâna amestecată cu o linguriţă de făina şi un praf de sare, se presară brânza rasă.
3. Se dau 20–30 de minute la cuptor.

Spargel mit Mandelrahm

Man nehme

- 2½ kg grünen Spargel
- 100 g gesalzene Butter
- 2 El Sahne
- ½ Zitrone
- weißen Pfeffer
- 75 g gehobelte Mandeln, geröstet

Zubereitung

1. Spitzen des Spargels auf ca. 10 cm abschneiden, Reste anderweitig verwenden.
2. Ca. 10 Minuten in gesalzenem, siedendem Wasser bissfest garen und abtropfen lassen. Warm halten.
3. In einer Pfanne Butter und Sahne langsam aufkochen. Saft der halben Zitrone sowie den Pfeffer und die gehobelten Mandeln zugeben und umrühren. Soße über den Spargel geben.

Asparagi alla Mandorle

Ingredienti

- 21/2 kg asparagi verdi
- 100 g burro salato
- 2 cucchiai di panna
- ½ limone
- pepe bianco
- 75 g mandorle tostate e sfilettate

Tagliare le punte degli asparagi a ca. 10 cm, usare i resti per altri scopi. Sbollentare per ca. 10 minuti in acqua salata per mantenere la consistenza e scolare. Mantenere caldi. In una padella far cucinare lentamente il burro e la panna. Aggiungere il succo del mezzo limone, il pepe e le mandorle e girare. Versare la salsa sugli asparagi.

Schweiz

Berner Spargel

Man nehme

- 1½ kg frischen weißen Spargel
- 1 große Zwiebel
- 250 g Bergkäse in Scheiben
- 125 g Butter
- 50 g Emmentaler, geraspelt
- 4 EL Semmelbrösel
- Salz
- Pfeffer aus der Mühle

Zubereitung

1. Spargel schälen, die unteren holzigen Enden abschneiden, die Stangen knackig garkochen.
2. Backofen auf 200° C vorheizen (Umluft).
3. Zwiebeln schälen und in Ringe hobeln, dann 50 g Butter langsam goldgelb braten, eine ofenfeste Form (nicht zu tief) mit 15 g Butter ausstreichen.
4. Eine Lage Spargel hineinlegen, mit Käsescheiben abdecken. Spargelköpfe freilassen, die nächste Schicht Spargel darauf, die Köpfe etwas zurücksetzen (stufenartig). So lange schichten, bis Spargel und Käse aufgebraucht sind.
5. Das Ganze mit gerösteten Zwiebeln, geriebenem Emmentaler, Semmelbrösel und Butterflocken belegen, im heißen Ofen goldbraun überbacken.
6. Beilage: Baguette und ein knackiger Salat.

Bärner Spargle

Zuetate

- 1½ kg früschi wissi Spargle
- 1 grossi Zibelä
- 250 g Bärgchäs i Schibe
- 125 g Anke
- 50 g graschplete Ämmitauer
- 4 EL Brösmeli vomene Weggli
- Sauz
- Pfäffer us dr Mühli

Zuebereitig

1. Spargle schäue, di ungere houzige Ändine abschnide, d'Stängle knackig gar choche.
2. Bachofe uf 200° C vorheize (Umluft).
3. Zibelä schäue u i Ringe schnide, nachhär 50 g Anke langsam goudgäub brate, ei ofefeschti Form (nid e z'tiefi) mit 15 g Anke usschtriche.
4. Ei Lag Spargle drilege, mit Chässchibe abdecke. D'Sparglechöpf freilah, di nächschti Schicht Spargle druflege, d'Chöpf chli zrüggsetze (stuefewis), solang schichte bis Spargle u dr Chäs ufbrucht si.
5. Z'Ganze mit de gröschtete Zibelä, dr gribnig Ämmitauer, d'Brösmeli vomene Weggli u d'Ankeflocke belege, im heisse Ofe goudbrun überbache.
6. Bilage: Äs Bagette u e knackige Salat.

Frankreich

Crespelle mit jungem Spinat und weißem Spargel

Man nehme

- 80 ml Milch
- 2 Eier
- Salz
- 120 g Weizenmehl
- 1 TL Rapsöl
- 2 EL Zitronensaft
- 500 g weißen Spargel
- 400 g Blattspinat
- 2 kleine Zwiebeln
- 2 Knoblauchzehen
- Pfeffer aus der Mühle
- 2 Msp. gemahlenen Muskat
- 2 EL Sahne

Zubereitung

1. Aus Milch, Ei, einer Prise Salz und dem Mehl mit einem Schneebesen einen dünnflüssigen Teig herstellen und im Kühlschrank 15 Minuten quellen lassen. Danach in einer beschichteten, mit Rapsöl ausgeriebenen Pfanne nach und nach 4 kleine Crespellen (Pfannkuchen) backen.

2. Inzwischen ¼ Liter Wasser erhitzen und mit Salz und Zitronensaft würzen. Den Spargel schälen, schräg in Scheiben schneiden, in den kochenden Sud geben und in etwa 10 Minuten bissfest garen.

3. Den Spinat verlesen, waschen, große Stiele entfernen und die Blätter in Stücke zupfen. Zwiebel und Knoblauch abziehen und in feine Würfel schneiden. Eine beschichtete Pfanne mit Rapsöl ausreiben, erhitzen und Knoblauch und Zwiebeln darin andünsten. Den Spinat tropfnass dazugeben, mit Salz, Pfeffer und Muskat würzen und etwa 5 Minuten andünsten.

4. Den Spargel herausnehmen, abtropfen lassen und zum Spinat geben. Mit Sahne verfeinern, etwas einkochen lassen und mit Salz und Pfeffer abschmecken. Die Crespelle mit der Spinatfüllung belegen, zusammenklappen und servieren.

Crespelles aux épinards et asperges blanches

Ingrédients

- 80 ml de lait
- 2 œufs
- Sel, poivre du moulin
- 120 gr. de farine
- 1 cuillère à café d'huile de colza
- 2 cuillères à soupe de jus de citron
- 500 gr. d'asperges blanches
- 400 gr. de feuilles d'épinard
- 2 petits oignons
- 2 gousses d'ail
- 2 pincées de noix de muscade
- 2 cuillères à soupe de crème

Préparation

1. Mélanger le lait, 1 pincée de sel et la farine avec un fouet jusqu'à l'obtention d'une pâte fluide et la laisser reposer 15 minutes au frigo. Faire chauffer l'huile de colza dans la poêle et former des petites crespelles (petites crêpes).
2. Entre-temps faites chauffer ¼ de litre d'eau avec le jus de citron et le sel. Eplucher les asperges et couper des tranches en biais. Les mettre à cuire dans le bouillon jusqu'à ce qu'elles soient al dente.
3. Eplucher et laver les épinards, enlever les queues. Couper les feuilles en petits morceaux. Emincer les oignons et l'ail. Mettre de l'huile de colza dans une poêle et les faire revenir. Ajouter les épinards égouttés et assaisonner avec le sel, le poivre et la noix de muscade. Faire revenir pendant 5 minutes.
4. Egoutter les asperges et les ajouter aux épinards. Affiner avec la crème et laisser mijoter. Assaisonner avec du sel et du poivre.
5. Garnir les crespelles, les refermer et servir.

Russland

Spargel mit Musseline-Sauce

Man nehme

- 500 g Spargel
- Salz

Für die Sauce:
- 2 Eigelb
- 100 g Butter
- 1 Esslöffel Wasser
- 1 Zitrone
- 2 Esslöffel Crème Fraîche
- Salz, Pfeffer nach Geschmack

Crème Fraîche einrühren und gründlich zu einer konsistenten Soße verrühren. Noch 1 Minute auf dem Herd lassen und dann in eine vorgewärmte Sauciere einfüllen.

3. Den Spargel mit der heißen Soße servieren. Die Sauce immer direkt vor dem Servieren zubereiten, da diese nicht aufgewärmt werden kann.

Zubereitung

1. Spargel waschen. Mit einem scharfen Messer von oben nach unten vorsichtig schälen, damit die Köpfchen, der schmackhafteste Teil des Spargels, nicht beschädigt werden. Spargel in kochendes Salzwasser legen und ca. 20 Minuten kochen. Spargel aus dem Wasser heben und abtropfen lassen.

2. Für die Musselin-Sauce: In einer Pfanne mit dickem Boden das Eigelb, das Wasser, den Saft einer halben Zitrone, Salz und Pfeffer mit dem Schneebesen schaumig schlagen. Auf kleiner Flamme erhitzen, dabei ständig weiterrühren. Hin und wieder vom Herd nehmen, damit die Soße nicht zu stark kocht. Wenn die Mischung dicklich wird und Blasen wirft, vom Herd nehmen und nach und nach einzelne Butterstückchen unterrühren. Jetzt den Saft der zweiten Zitronenhälfte und die

Спаржа с соусом муслин

Для рецепта вам потребуется

- спаржа - 500г
- соль

для соуса:
- яйцо (желток) - 2 шт
- сливочное масло - 100г
- вода - 1 ст. л.
- лимон - 1
- сметана - 2 ст. л.
- соль, перец - по вкусу.

1. Спаржу промойте, срежьте острым ножом кожицу (очищать надо осторожно, чтобы не поломать головку,— самую вкусную часть спаржи) от верхушки к корешку. Положите в кипящую подсоленную воду и варите около 20 минут, затем выньте из воды и дайте ей стечь.

2. Приготовьте соус муслин: в сковороде с толстым дном взбейте желтки, воду, сок ,/2 лимона, соль, перец. Подержите на слабом огне, продолжая взбивать. Время от времени снимайте с огня, чтобы не перегреть соус. Когда смесь загустеет и будет держаться на венчике, снимите с огня и опустите в нее постепенно, кусочек за кусочком, сливочное масло. Добавьте сок второй половины лимона и сметану, хорошенько вымешивая, чтобы соус был однородным. Поставьте на минуту на огонь и перелейте в подогретый соусник. Подавайте спаржу с теплым соусом. Соус надо готовить непосредственно перед подачей, так как его не разогревают.

Italien

Bigoli mit Spargelsoße

Man nehme

- 250 g grünen Spargel
- 1 gehackte Knoblauchzehe
- 4 EL gehackte glatte Petersilie
- 2 EL Olivenöl
- 400 g reife Tomaten, gewürfelt
- Salz
- 400 g Bigoli (ersatzweise Spaghetti)

Zubereitung

1. Spargel putzen und nach Bedarf schälen. In 3–4 Zentimeter lange Stücke schneiden und beiseite stellen.

2. Knoblauch und Petersilie in Olivenöl andünsten. Nach knapp 5 Minuten die Spargelstücke hinzufügen und andünsten bis sie leuchtend grün aussehen und glänzen. Die Tomatenwürfel dazugeben und heiß werden lassen. Salzen und zugedeckt 20 Minuten leise köcheln lassen.

3. Die Bigoli in sprudelndem Salzwasser al dente garen. Abgießen und mit der Spargelsoße anrichten.

4. In Apulien bereitet man eine ähnliche Version dieser Spargelsoße zu. (Wilder) Spargel und Tomaten werden dort noch mit geriebenem Pecorino und Parmesan sowie verquirlten Eiern angereichert.

Bigoli con salsa di asparagi

Ingredienti

- 250 g asparagi verdi
- 1 spicchio d'aglio sminuzzato
- 4 cucchiai di prezzemolo liscio tritato
- 2 cucchiai di olio d'oliva
- 400 g pomodori maturi, a dadi
- sale
- 400 g Bigoli (oppure spaghetti)

Preparazione

1. Pulire gli asparagi e pelare se necessario. Tagliare in pezzi di 3-4 centimetri e mettere da parte.

2. Soffriggere aglio e prezzemolo in olio d'oliva. Dopo 5 minuti aggiungere gli asparagi e stufarli affinché diventano di un colore verde brillante. Aggiungere i dadi di pomodoro e scaldare. Salare e cuocere a fuoco lento per ca. 20 minuti.

3. Cucinare i bigoli in acqua salata al dente. Scolare e condire con la salsa d'asparagi.

4. In Puglia si prepara una salsa d'asparagi molto simile con gli asparagi selvatici. Oltre ai pomodori, si aggiunge anche pecorino e parmigiano grattugiato in uova sbattute.

Schweden

Gebratener Spargel mit Rührei

Man nehme

- 800 g grünen Spargel
- 3 EL Öl
- Salz, Pfeffer und Zucker
- 8 Eier
- 200 g gekochten Schinken

Zubereitung

1. Spargel im unteren Drittel schälen. 1½ Esslöffel Öl in eine beschichtete Pfanne geben und den Spargel darin ca. 10 Minuten unter wiederholtem Wenden bei mittlerer Hitzezufuhr braten. Mit Ende der Garzeit sollte der Spargel leicht gebräunt sein und noch Biss haben. Anschließend mit Salz, Pfeffer und Zucker würzen.
2. Eier in einer Schüssel verquirlen, Schinken kleinschneiden und bei mittlerer Hitze in 1½ Esslöffeln Öl kurz anbraten. Dann die Eimasse hinzugeben und bei geringer Hitze stocken lassen. Dabei ab und zu mit einem Pfannenwender von außen nach innen zusammenschieben. Anschließend noch etwas Salz zugeben.
3. Den noch warmen, gebratenen Spargel zusammen mit dem Rührei anrichten.

Brynt sparris med äggröra

Ingredienser

- 800 g grön sparris
- 3 msk olja
- Salt, peppar och socker
- 8 stägg
- 200 g kokt skinka

Tillagning

1. Skala den nedersta delen av sparrisen. Häll 1,5 msk olja i en stekpanna. Fräs sparrisen ca. 10 minuter på svag värme, tills den är mjuk men ändå knaprig. Sparrisen ska vara lätt brynt. Krydda med salt, peppar och socker.
2. Vispa äggen lätt med en gaffel, skär skinkan och fräs den i resten av oljan på medelstark värme i ett par minuter. Tillsätt äggen och låt dem tjockna under låg värme. Rör om då och då. Smaka av med lite salt.
3. Servera den brynta, varma sparrisen tillsammans med äggen.

Indien

 # Spargel in Kokos-Curry-Soße

Spargel in Kokos-Curry-Soße ist ein, an die indische Küche angelehntes, vegetarisches Gericht. Eine ganz andere Variante, Spargel zu verarbeiten, vor der man sich nicht scheuen sollte.

Man nehme

- 1 kg weißen Spargel
- 4 Karotten
- 250 g Basmati-Reis
- ½ TL Salz
- ½ TL Zucker
- 1 Bund Frühlingszwiebeln
- 1 kleine rote Chilischote
- ½ Bund frisches Korianderkraut
- Butterschmalz oder Ghee
- 2 EL Weizenmehl (Type 405)
- 2 TL Currypulver (scharf oder mild)
- 400 ml ungesüßte Kokosmilch
- 3 EL geschälte Mandelkerne

Zubereitung

1. Den Spargel waschen und die unteren Hälfte schälen. Den Spargel schräg in Stücke schneiden.
2. Die Karotten schrappen und schräg in Stücke schneiden.
3. Salzwasser in einem Topf zum Kochen bringen. Den Reis in das Wasser geben. Den Topf abdecken und die Hitze reduzieren. Den Reis 20 Minuten garen lassen.
4. ½ Liter Wasser zum Kochen bringen. Erst Salz und Zucker dann den Spargel dazugeben. Den Topf abdecken und 5 Minuten bei mäßiger Hitze köcheln lassen. Die Karotten dazugeben und 10 Minuten köcheln lassen. Das Gemüse durch einen Durchschlag geben und das Gemüsewasser auffangen.
5. Die Frühlingszwiebeln waschen, trocknen, den Wurzelansatz und die welken Blätter abschneiden und schräg in Ringe schneiden. Die Chili waschen, trocknen, längs halbieren, das Kerngehäuse entfernen und in dünne Streifen schneiden. Den Koriander waschen, trocknen und kleinschneiden. Fett in einer Pfanne erhitzen. Die Zwiebeln und die Chili in darin andünsten. Mehl und Curry dazugeben und anschwitzen. Das Gemüsewasser und die Kokosmilch dazugeben und verrühren. Aufkochen und 5 Minuten köcheln lassen. Den Koriander hinzufügen und verrühren. Die Soße abschmecken.
6. Das Gemüse in die Soße geben und heiß werden lassen.
7. Alles auf Tellern anrichten und mit Mandeln bestreuen.

ॲस्परॅगस के साथ नारियल करी सॉस यह एक भारतीय पकवान पर आधारति शाकाहारी खाना है. शतावरी का एक काफी अलग संस्करण करनेसे डरना नहीं चाहिए

सामग्री

- 1 किलो सफेद ॲस्परॅगस
- 4 गाजर
- 250 ग्राम बासमती चावल
- आधा चम्मच नमक
- आधा चम्मच चीनी
- 1 गुच्छा वसंत प्याज
- 1 छोटी लाल मर्चि
- आधा गुच्छा ताजा धनिया
- घी
- 2 बड़े चम्मच गेहूं का आटा (प्रकार 405)
- 2 चम्मच हल्का या तीखा करी पाउडर
- 400 मिलीलीटर नारियल का दूध
- 3 बड़े चम्मच खुली बादाम

तैयारी

1. शतावरी धो लें और नीचे का आधा छीलें. शतावरी तिर्छे मध्यम टुकड़ों में काटें.
2. गाजर छीलें और तिर्छे टुकड़ों में काटें.
3. एक बरतन में नमक पानी डाल के उबालें. पानी में चावल डालें. बरतन पर ढक्कन डालके आँच कम करें. चावल 20 मनिट पकने दें.
4. एक बरतन में आधा लीटर पानी उबालें. नमक और चीनी डालें. उबलते पानी में शतावरी डालें. बरतन से ढक्कन हटाके मध्यम आँच पर 5 मनिट उबालें. गाजर डालके और 10 मनिट के लिए उबालें. सब्जियाँ एक झरनी द्वारा डालें और सब्जियों का पानी अलग से रख दें.
5. वसंत प्याज धोकर सुखाएँ, जड और सूखे पत्ते काट दें और तीरछी रिंगोंमें काटें. मर्चि धोकर सूखाएं, आधी लंबाई में कटौती करके बीज निकाल दें, पतली स्ट्रिप्स में काटें. धनिया धोकर सुखाएं, और छोटे टुकडोंमे काटें. एक पैन में चिकनाई (घी या तेल) गरम करें. एक पैन में प्याज और मर्चि तलें. आटा और करी उसमें डालें और कम तेल में झोंकें (saute). सब्जियों का पानी और नारियल का दूध मिलाएं. ये मश्रिण उबालें और 5 मनिट के लिए धीमी आँच पे पकने दें. धनिया डालके मिलाएं. सॉस चख के देखें.
6. सॉस में सब्जियाँ डालें और गर्म हो जाने दें.
7. प्लेटों पर परोस दें. बादाम छड़िक दें.

Fleisch & Spargel

Australien

Gegrillter grüner Spargel mit Kängurufilet

Man nehme

- 500 g grünen Spargel
- 300 g Kängurufilet
- 2 mittelgroße Rote Beten
- 1 Chicorée
- 150 g Fetakäse
- 10 Walnüssen
- Schnittlauch
- Balsamicoessig
- Olivenöl extra vergine

Zubereitung

1. Rote Bete mit 3 Esslöffeln Balsamico in Alufolie einwickeln, bei 160 Grad eine Stunde im Backofen backen und anschließend auskühlen lassen. Die beim Backen entstandenen Säfte für das Salatdressing aufheben.
2. Den Spargel längs halbieren und auf der Schnittseite auf dem Grill garen, bis er karamellisiert, aber noch bissfest ist.
3. Das Känguru-Filet stark pfeffern und medium rare grillen, anschließend ruhen lassen.
4. Aus dem beim Backen reduzierten Essig und Olivenöl, Salz und Pfeffer ein Dressing mixen. Die Rote Bete und den Chicorée mundgerecht zerkleinern und mit dem Dressing anrichten. Käse und Nüsse über den Salat bröseln. Anschließend das Kängurufilet und den Spargel hinzufügen.

BBQ Green Asparagus with Filet of Kangaroo

Ingredients

- 500 g Green Aspargus
- 300 g Filet of Kangaroo
- 2 mid sized beetroots
- 1 Chicory
- 150 g Feta
- 10 Walnuts (shelled)
- Chives
- Balsamic Vinegar
- Oliveoil extra vergine

Directions

1. Drizzle 3 Tbsp of balsamic over the beetroots and bake at 160c the in aluminium foil for an hour, then leave to cool. Make sure you keep the juices for the salad dressing.
2. Halve the asparagus lengthways, then cook them on the BBQ until they are caramelised but still crunchy.
3. Generously pepper the Kangaroofilet and BBQ it to medium rare, then leave to rest.
4. Put together a dressing, mixing the baking juices from the beetroot with the olive oil, salt and pepper.
5. Cut the beetroot and chicory into bite sized pieces, and mix with the dressing.
6. Ensemble the elements on a plate crumbling the feta and the walnuts over the salad, followed by the chives. Sit the Kangaroomeat next to the salad and adding the grilled asparagus last.

Österreich

Spargel im Schinkenmantel

Man nehme

- 32 Stangen weißen Spargel (altvernativ ist auch grüner Spargel möglich)
- 8 Scheiben gekochten Schinken
- 400 g Mozzarella (abgetropft und in Scheiben geschnitten)
- Salz und weißen Pfeffer, frisch gemahlen
- Olivenöl für die Form
- Schnittlauchröllchen zum Garnieren

Zubereitung

1. Spargel schälen, waschen und in kochendem Salzwasser bissfest kochen (ca. 20 Min.). Abtropfen lassen.
2. Je vier Stangen des gekochten Spargels in eine Scheibe Schinken wickeln.
3. Rechteckige Auflaufform mit Olivenöl bestreichen und die Spargel-Schinken-Rollen nebeneinander hineinschichten. Mit Salz und Pfeffer würzen. Mozzarella darauf verteilen.
4. Im vorgeheizten Backofen bei 200° C rund 20 Min. überbacken.
5. Vor dem Servieren mit reichlich Schnittlauchröllchen bestreuen.

Quelle: angelehnt an die Montignac-Methode

Österreich

Tafelspitz mit warmer Spargel-Vinaigrette

Man nehme

- 1 kg Tafelspitz
- 1 Gemüsezwiebel
- Lorbeerblatt und Nelken
- 1 Bund Suppengrün
- 500 g weißen Spargel
- 40 ml milden Essig
- Prise Zucker
- Salz und Pfeffer aus der Mühle
- Olivenöl
- Pflanzenöl zum Anschwitzen

Zubereitung

1. Den Tafelspitz kochen und anschließend parieren. Das Suppengrün waschen und kleinschneiden. Salzwasser in einem tiefen Topf aufkochen lassen, den Tafelspitz, die Zwiebel mit Schale, Lorbeerblatt und Nelken dazugeben. Das Fleisch mit Wasser bedeckt lassen und wieder aufkochen, bis sich am Rand des Topfes Schaum bildet. Den Schaum abschöpfen und bei mittlerer Hitze garköcheln lassen (etwa 1,5 Stunden).

2. Gleichzeitig die Vinaigrette zubereiten. Den Schnittlauch feinschneiden, den Spargel gut schälen und die Spargelenden abschneiden. Die Stangen in gleich kleine Stückchen schneiden. In einer heißen Kasserolle etwas Öl erhitzen, die Spargelstückchen darin anschwitzen, 3 Esslöffel von der Rinderbrühe, eine Prise Salz und Zucker dazugeben. Mit dem Topfdeckel schließen und garziehen lassen. Mit einem Schuss Essig ablöschen. Von der Flamme nehmen, den Schnittlauch und 4 Esslöffel Olivenöl dazugeben, mit Salz und Pfeffer aus der Mühle abschmecken.

3. Anrichten und servieren. Den Tafelspitz in dünne Scheiben schneiden und mit der warmen Vinaigrette nappieren. Dazu Salz- oder Röstkartoffeln servieren. Ein eleganter Riesling, von einem guten Winzer gemacht, mit feinem Duft nach grünen Äpfeln und exotischen Früchten, ist immer eine Offenbarung.

Peru

Mandelspargel mit Kalbsfilet

Man nehme

- 100 g weiche Butter
- 1 Bio-Limette
- Salz, Pfeffer
- 600 g Kalbsfilet
- 3 EL Olivenöl
- 800 g weißen Spargel
- ½ Bund glatte Petersilie
- 4 Stiele Estragon
- 1 TL Zucker
- 2 EL Mandelblättchen

Zubereitung

1. 80 g Butter mit den Quirlen des Handrührers weiß-cremig schlagen. 1 TL Limettenschale fein abreiben. 2–3 TL Saft auspressen. Butter mit Limettensaft und -schale, Salz und Pfeffer würzen. Auf Frischhaltefolie geben, zu einer Rolle formen und kaltstellen.

2. 1 EL Öl in beschichteter Pfanne erhitzen. Kalbsfilet 2 Minuten rundherum anbraten und mit Salz und Pfeffer würzen. 1 EL Butter zugeben und Fleisch damit beträufeln. Kalbsfilet auf Backblech geben und im heißen Ofen bei 100° C (Umluft nicht empfehlenswert) im unteren Drittel ca. 40 Minuten garen, dabei einmal wenden.

3. Spargel schälen und Enden abschneiden. Spargelstangen längs und quer halbieren und mit einem feuchten Tuch abdecken. Petersilien- und Estragonblättchen von Stielen zupfen und feinhacken.

4. 2 EL Öl in großer Pfanne erhitzen. Spargel unter Wenden 4 Minuten hellbraun braten. 1 EL Butter, Zucker und Mandelblättchen zugeben und 2–3 Minuten mitbraten. Spargel mit Salz würzen und vom Herd ziehen. Limettenbutter in Scheiben schneiden.

5. Kalbsfilet aus Ofen nehmen und in Alufolie gewickelt 5 Minuten ruhen lassen. Fleisch aus Folie nehmen, in Kräutern wälzen und in Scheiben schneiden. Kalbsfilet mit Mandelspargel und Limettenbutter anrichten. Dazu passen Salzkartoffeln.

Espárragos con almendras y filetes de ternera

Ingredientes

- 100 grm de mantequilla
- 1 limón
- Sal y pimienta al gusto
- 600 grm filete de ternera en trozo sin cortar
- 3 cucharadas soperas de aceite de oliva
- 800 grm. de espárragos blancos
- ½ ramo de perejil
- 4 ramos de estragón
- 1 cuchara de te de azucar
- 2 cucharas soperas de almendras (hojuelas)

Preparación

1. Se baten 80 grm de mantequilla hasta lograr una textura cremosa y blanca. La cascara de la lima se debe rallar finamente hasta lograr una cuchara de té. Exprimir el limón hasta llegar a dos a tres cucharas de té. Agregar el jugo de limón, sal y pimienta y mezclar bien. En un folio de plastico se coloca formando un rollo y se pone a enfriar.

2. Calentar una cucharada de aceite de oliva en un sartén, el filete de ternera se fríe a temperatura alta hasta que quede dorado, aproximadamente dos minutos de cada lado y se saca. Una vez afuera se condimenta con sal y pimienta. Barnizar el filete con una cucharada sopera de mantequilla. Se precalienta el horno a 100 grados y se deja en la tercera badeja de abajo por 40 minutos y voltear ya transcurridos los primer 20 minutos.

3. Se pelan los espárragos y se corta la parte inferior. Los espárragos se parten a lo largo y ancho hasta sacar 4 piezas largas que se colocan en un molde con un paño humedo. Se extraen las ramas del perejil y el estragón del tallo y se corta finamente.

4. Calentar en un sartén grande dos cucharadas de aceite de oliva, agregar los espárragos y freir por cada lado dos minutos hasta que queden dorados ligeramente. Agregar una chucarada sopera de mantequilla, azucar y las hojuelas de almedra y seguir friendo por dos o tres minutos. Sazonar los espárragos con sal y sacarlos del la flama. Cortar la mantequilla de limón en rebanadas.

5. Sacar del horno el trozo de filete de ternera y dejar reposar por 5 minutos en un folio de aluminio. Después sacar del folio y sazonar con las hiervas y cortar en rebanadas. Los filetes de ternera se sirven con los espárragos y alemendras, acompañados por la mantequilla de limón y papas cocidas previamente con sal.

 # Hühnchen und Spargel-Auflauf

Man nehme

- Speiseöl
- 3 (ca. 500 g) Hühnchenbrustfilets (ohne Haut), in mundgerechte Stückchen geschnitten
- 25 g Butter
- 25 g Weizenmehl
- 200 ml Doppelrahm (creme double)
- 200 ml Hühnerbrühe
- 150 g Spargel, grob in ca. 4 cm lange Stücke geschnitten
- 150 g TK-Erbsen
- feingeriebene Schale von 1 Zitrone
- etwas frische Petersilie, gehackt
- 320 g backfertig gerollten Blätterteig
- 1 mittelgroßes Ei, geschlagen

Zubereitung

1. Ofen auf 200° C (Umluft: 180° C) vorheizen. Speiseöl in großer Pfanne erhitzen und Hühnchenstücke 8 Minuten braten, bis sie goldbraun sind. Hühnchenstücke auf Teller geben und beiseite stellen.

2. Butter in leerer Hühnchenpfanne erhitzen, bis sie geschmolzen ist. Mehl einrühren und eine Minute kochen. Pfanne vom Herd nehmen und Sahne sowie Brühe gleichmäßig unterschlagen. Wenn die Soße glatt ist, die Pfanne auf den Herd zurückstellen, Soße zum Kochen bringen und 3 Minuten bei laufendem Umrühren weiterkochen, bis sie angedickt ist. Hühnchenstücke, Spargel, Erbsen, Zitronenschale und Petersilie unterrühren und abschmecken.

3. Alles in eine 2 Liter fassende, ofentaugliche Auflaufform einfüllen. Blätterteig ausrollen und auf die Speise legen. Ggf. zurechtstückeln. Teig gut mit etwas Ei bepinseln, dann 25 bis 30 Minuten im Ofen backen lassen. Das Gericht ist fertig, wenn der Teig goldbraun und aufgebacken ist.

Chicken and Asparagus Pie

Ingredients

- 1 tsp oil
- 3 skinless chicken breasts (about 500 g/ 1 lb 2 oz), cut into bite-sized pieces
- 25 g (1oz) butter
- 25 g (1oz) plain flour
- 200 ml (7 fl oz) double cream
- 200 ml (7 fl oz) chicken stock
- 150 g (5oz) asparagus, roughly chopped into 4cm (1½in) pieces
- 150 g (5oz) frozen peas
- Finely grated zest 1 lemon
- Small handful fresh parsley leaves, chopped
- 320 g sheet ready-rolled puff pastry
- 1 medium egg, beaten

Method

1. Preheat the oven to 200°C (180°C fan) mark 6. Heat oil in a large pan and fry chicken for 8 min until golden. Tip chicken out on to a plate and set aside.
2. Heat butter in empty chicken pan until melted, stir in flour, then cook for a further minute. Remove from heat and gradually whisk in cream and stock until smooth. Put back on the heat, bring mixture to the boil and bubble for 3min, stirring constantly, until thickened. Stir in chicken, asparagus, peas, zest and parsley and check the seasoning.
3. Spoon mixture into a 2 litre (3½ pint) oven-proof serving dish. Unroll puff pastry and position over top of dish to cover (trim if needed). Brush pastry well with some of the egg, then cook for 25–30 min in the oven until pastry is golden and puffed up. Serve.

Thailand

Hähnchen-Spargel-Pfanne mit Curry

Man nehme

- 250 g Hähnchenbrustfilet
- 2 TL Curry
- 1 Karotte
- 500 g weißen Spargel
- 2 Frühlingszwiebeln
- 2 EL Raps- oder Sonnenblumenöl
- 300 ml Wasser
- 100 ml Schlagsahne
- 100 g Hackfleisch
- verschiedene Gemüsesorten

Zubereitung

1. Hähnchenbrustfilet waschen, trockentupfen und in Würfel schneiden. Mit Curry bestreuen.
2. Karotte waschen, schälen und in Scheiben schneiden. Spargel waschen, schälen und in Stücke schneiden. Frühlingszwiebeln putzen, waschen und in Ringe schneiden.
3. In einer Pfanne Sonnenblumenöl heiß werden lassen und die Hähnchenbrustwürfel darin anbraten. Gemüse zugeben und kurz mitbraten.
4. Es können verschiedene Gemüsesorten wie z. B. Champignons, Bohnen, Kohlrabi, Erbsen, Blumenkohl oder Broccoli verwendet werden. 100 g Hackfleisch anbraten.
5. 300 ml Wasser zugießen. Vorbereitetes Gemüse mit Hackfleisch einrühren und zum Kochen bringen. Zugedeckt bei geringer Wärmezufuhr ca. 8 Minuten kochen, bis das Gemüse gar ist. Dabei gelegentlich umrühren. Sahne einrühren und heiß werden lassen.
6. Servieren Sie dazu Reis.

แกงเผ็ดไก่ใส่หน่อไม้ (ประเทศไทย)

ส่วนผสม

- 250 กรัม อกไก่
- 2 พริกแกงเผ็ด
- 1 แครอท
- 500 กรัม หน่อไม้
- 2 ต้นหอม
- 2 น้ำมันพืช
- 300 มิลลิลิตร น้ำเปล่า
- 100 มิลลิลิตร วิปปิ้งครีม
- 100 กรัม เนื้อบดละเอียด
- ผัก

การจัดเตรียม

1 ล้างไก่ให้สะอาด แล้วพักไว้ให้ไก่แห้ง
   หลังจากไก่แห้งแล้ว นำไก่มาผสมคลุกเคล้ากับพริกแกง
   เผ็ด

2. นำแครอทมาปลอกเปลือกไม่ต้องหั่นเป็นชิ้น
   นำมาล้างให้สะอาด ตามด้วยหน่อไม้ฝรั่งและต้นหอม
   มาปลอกเปลือกและล้างให้สะอาดโดยไม่ต้องหั่น

3. เตรียมกระทะตั้งไฟให้ร้อน ใส่น้ำมันลงไปพอประมาณ
   หลังจากนั้นนำไก่ที่เราได้คลุกเคล้าไว้กับพริกแกงเผ็ดน
   ำมาผัด พอไก่สุกได้ที่ นำแครอทที่เราเตรียมและล้างไว้
   ลงมาผัดให้เข้ากับไก่ หลังจากนั้น รอดูว่าไก่สุกได้ที่พอ
   สมควรแล้วหรือยัง

4. หลังจากนั้น ค่อยๆเติมน้ำเปล่าลงไปในกระทะ แล้วค้นดู
   ว่าไก่และมันฝรั่งสุกรับประทานได้แล้วหรือยัง

5. ขั้นตอนต่อไป เรายังสามารถนำผักต่างๆที่เราชอบมาเ
   ป็นส่วนผสม ในการปรุงอาหารครั้งนี้ด้วย ตัวอย่างเช่น
   ถั่วเมล็ดแดง, กระหล่ำดอก, โบโคลี่ เป็นต้น

6. ขั้นตอนสุดท้าย ปรุงแต่งรสชาติอาหาร
   ด้วยซอสถั่วเหลือ,ง น้ำตาล คนอร์, เกลือ แล้วชิมดูรสช
   าติถ้าอร่อยได้ที่แล้ว นำในส่วนของผักต่างๆที่เราได้ล้
   างและเตรียมไว้ก่อนหน้านี้ ลงใส่ในหม้อกระทะพร้อม
   คลุกเคล้าเข้าด้วยกัน หลังจากเราใส่ผักต่างลงไปแล้ว
   เราสามารถปิดไฟและยกหม้อกระทะลงได้เลย ไม่ต้องร
   อให้ผักสุกมากเกินไป แค่นี้ก็เสร็จเรียบร้อย หลังจากนั้น
   ก็นำในส่วนของแกงที่เสร็จเรียบร้อยมาตักใส่ถ้วย
   เสริฟร้อนๆพร้อมกับข้าวสวย หรือถ้าใครชอบ วิปปิ้งครี
   มก็สามารถปรุงแต่ง วิปปิ้งครีมลงไปในถ้วยแกงก็ได้ค่ะ

Dänemark

 # Torteletten (Pasteten) mit Hähnchen und Spargel

Man nehme

Zutaten für Grundsuppe

- Suppenhuhn (etwa 1,6 kg)
- 2 Karotten – grob geschnitten
- 2 Stangen Porree – grob geschnitten
- 1 Petersilienwurzel – grob geschnitten
- 1 Liter Wasser
- Salz, Pfeffer und Kräuter

Zutaten für Torteletten

- 10 Blätterteig-Torteletten
- 250 g Hühnerfleisch in Würfeln
- 150 g geschnittenen Spargel
- 35 g Butter
- 35 g Mehl
- 300 ml Hühnerbrühe
- Milch
- Salz, weißen Pfeffer
- Petersilie

Zubereitung

Zubereitung

1. Die Huhn gut reinigen und mit Gemüse (Karotten, Stangen Porree, Petersilienwurzel), Salz, Pfeffer und Kräuter in etwa 2 Liter Wasser etwa 1½ Stunde kochen, bis das Fleisch gar ist.
2. Die Huhn aus der Suppe nehmen und das Fleisch von dem Gerippe entnehmen. Etwa 250 g Fleisch in Würfeln wird für diese Gericht benutzt. Das übrig gebliebende Fleisch im Kühlschrank abstellen, es kann später für andere Gerichte benutzt werden.
3. Die Suppe durch ein Sieb passieren. Etwa 3 Deziliter Suppe (Hühnerbrühe) wird in dieser Gericht für die Soße benutzt, die übrig gebliebende Suppe im Kühlschrank abstellen, sie kann später als Hühnerbrühe für verschiedene Suppen benutzt werden.
4. Den Spargel in ungefähr 3 cm lange Stückchen schneiden.
5. Butter bei schwacher Hitze schmelzen. Mehl hinzufügen und gut vermischen. Die Suppe hinzufügen und ständig umrühren. Milch unterrühren, bis die Mehlschwitze cremig wird. Fleisch und Spargel hinzufügen und ein paar Minuten köcheln lassen. Mit Salz und Pfeffer abschmecken.
6. Die Torteletten mit dem Boden nach oben im vorgeheiztem Ofen bei 200 Grad aufwärmen. Danach werden sie mit der Hühner und Spargel Sosse gefüllt und serviert. Mit Petersilie dekorieren.

Tarteletter med høns i asparges

Grundsuppe
- 1 suppehøne (ca. 1600 g)
- 2 gulerødder i grove stykker
- 2 porrer i grove stykker
- 1 persillerod
- 1 liter vand
- Salt, peber og krydderier

Tarteletter
- 10 tarteletter
- 250 g hønsekød
- 150 g friske asparges
- 35 g smør
- 35 g hvedemel
- 3 dl suppe fra hønen
- mælk
- salt, hvid peber
- persille

1. Rens hønen godt og kog den med grønsager (gulerødder, porrer, persillerod), salt, peber og krydderier i ca. 2 liter vand i ca. 1½ time, til kødet er mørt.
2. Tag hønen op af suppen og pil kødet af skroget. Der skal bruges ca. 250 g kød i mindre stykker til denne ret. Det resterende hønsekød sættes i køleskabet og kan senere bruges til andre retter.
3. Si suppen. Der skal bruges ca. 3 deciliter suppe til denne ret. Den resterende suppe sættes i køleskabet, og kan senere bruges som hønsebouillon i forskellige supper.
4. Asparges skæres i ca. 3 cm lange stykker.
5. Smelt smørret ved svag varme. Tilsæt melet under kraftig omrøring. Tilsæt suppe og rør hele tiden. Mælk tilføres til stuvningen til den får en cremet konsistens. Tilsæt kød og asparges og kog stuvningen ved svag varme og under forsigtig omrøring i ca. 2 min. Smag til med salt og peber.
6. Tarteletter opvarmes i en forvarmet ovn ved 200 grader med bunden opad. Fyldes med stuvningen og dekoreres med persille.

83

Fisch & Spargel

Türkei

Lachs-Spargel im Yufka-Teig

Man nehme

- 600 g weißen Spargel
- 40 g Rucola
- 400 g Lachsfilet
- 250 g Butter
- 8 Blätter vorbereiteten Teig (Yufka) aus dem Kühlregal
- Salz
- Zucker

Zubereitung

1. Spargel schälen, die Stangen quer und längs halbieren. In kochendem Salzwasser mit etwas Zucker 15 Minuten bissfest kochen.
2. Ruccula putzen und waschen.
3. Lachsfilet in ca. 1 cm dicke Streifen schneiden, dann halbieren.
4. 50 g Butter schmelzen. Yufkablätter mit flüssiger Butter bestreichen. Jeweils 2 Lachsscheiben, einige Rucola-Blätter und 4 Spargelstücke am oberen Teigrand aufeinanderschichten. Die Teigspitze hochklappen, mit flüssiger Butter bestreichen und die seitlichen Teigränder nach innen einschlagen. Danach mit der restlichen Butter bestreichen.
5. Auf ein mit Backpapier ausgelegtes Backblech legen. Im vorgeheizten Ofen bei 200° C auf der unteren Schiene ca. 15 Minuten goldgelb backen.
6. Vorschlag: mit Sauce Hollandaise und Feldsalat servieren.

Yufkaya sarılı somonlu konmaz

malzeme

- 600 gr. Beyaz kuşkonmaz
- 40 gr. Roka
- 400 gr. Somon fileto
- 250 gr. Tereyağı
- 8 yaprak Yufka
- Tuz
- Şeker

Yemek Tarifi

1. Kuşkonmaz soyulur, kuşkonmaz dilimleri çapraz ve boyunca yarımlanır. Kaynayan tuzlu suya biraz şeker katılır ve 15 dakika pişirilir.
2. Roka temizlenir ve yıkanır.
3. Somon filetosu 1 santim kalın dilimlere kesilir, dilimler yarımlanır.
4. 50 gram tereyağı eritilir. Yufka yapraklarına erimiş tereyağı sürülür, iki somon dilimi, birkaç tane roka yaprakları ve 4 kuşkonmaz yufkanın kenarına üstüste dizilir. Yufkanın ucunu kapatıp üstüne erimiş tereyağı sürülür, yufkanın kenarlarını içe doğru kapatıp üstüne kalan tereyağı sürülür.
5. Pişirme kağıdı fırının içine koyulur, 200 derece ısınmış fırının alt kısmında 15 dakika pişirilir.
6. Öneri: Servisi hollandez soslu ve frenk salatası ile yapın.

Japan

Spargel in Tempura-Teig zu Lachstatar

Man nehme

- 2 Eier
- 300 ml kaltes Mineralwasser
- 2 EL Weißwein
- 200 g Mehl
- 2 Tl geräuchertes Paprikapulver
- Salz
- 1 kg grünen Spargel
- 800 ml hoch erhitzbares Öl
- 800 g Lachsfilet
- 2 kleine rote Zwiebeln
- Saft einer Zitrone
- 4 TL Sojasoße
- 4 EL Olivenöl
- 2 TL Sesamöl
- Salz
- weißen Pfeffer
- Schnittlauch

Zubereitung

1. Eier, Mineralwasser, Weißwein, Paprikapulver und ein wenig Salz zu einem glatten Teig verrühren, 30 Minuten kaltstellen.
2. Spargelenden abschneiden. Öl in einer ausreichend großen Pfanne mit hohem Rand auf 180 Grad erhitzen, Spargel portionsweise durch den Tempura-Teig ziehen, hellbraun frittieren und auf Küchenpapier abtropfen lassen.
3. Lachsfilet feinwürfeln. Zwiebeln schälen und sehr fein hacken. Lachs und Zwiebel mit Zitronensaft (sparsam), Soja-Soße sowie dem Oliven- und Sesamöl mischen. Schnittlauch feinschneiden und untermischen.
4. Tatar mit dem noch warmen Tempura-Spargel servieren.

アスパラガスの天ぷら　鮭のタルタル添え

材料

- 卵　2個
- 水　300 ml
- 白ワイン　大さじ2
- 小麦粉　200 g
- スモークパプリカパウダー　小さじ2
- 塩　少々
- アスパラガス　1 kg
- サラダ油　800 ml
- サーモンフィレ　800 g
- 赤玉ねぎ　2個
- レモン汁　少々
- 醤油　小さじ4
- オリーブオイル　大さじ4
- ごま油　小さじ2
- 塩　少々
- 白胡椒　少々
- アサツキ　少々

作り方

卵、水、白ワイン、スモークパプリカパウダー、塩を滑らかになるまで混ぜ合わせる。30分冷所に置く。

アスパラガスは根元の硬い部分を取り除いておく。底の深い大きなフライパンにサラダ油を入れ、180℃まで熱する。アスパラガスに衣をつけて揚げる。きつね色になったら取り出し、キッチンペーパーの上で油を切る。

サーモンフィレをサイコロ大に切る。赤玉ねぎの皮をむき、みじん切りにする。サーモンフィレと赤玉ねぎをレモン汁少々、醤油、オリーブオイル、ごま油と混ぜ合わせて鮭のタルタルを作る。アサツキをみじん切りにし、混ぜ合わせる。

アスパラガスの天ぷらの熱いうちに、鮭のタルタルを添える。

Lachsfilet mit Spargel im Gemüsebett

Man nehme

- 600 g frisches Lachsfilet
- 250 g grünen Spargel
- 200 g Zuckerschoten
- 250 g Karotten
- 1 EL Olivenöl, natives, kaltgepresstes
- 1 EL Butter (Irische Butter)
- 1 Zitrone – Schale, abgerieben, unbehandelt
- 1 Zitrone, den Saft
- Salz, grobes aus der Mühle
- Pfeffer, schwarzer aus der Mühle
- 12 Blätter Kerbel zum Garnieren

Zubereitung

1. Gemüse putzen bzw. schälen und abspülen. Vom Spargel wenig von den unteren Enden abschneiden, letztes Viertel schälen, danach in 2–3 cm lange Stücke schneiden. Die Karotten sehr kleinschneiden (Würfel oder Ringe).

2. Gemüse dann getrennt in Salzwasser bissfest garen, Spargel und Karotten ca. 3–4 Minuten, die Zuckerschoten nur 1 Minute! Die Lachsfilets mit Salz und Pfeffer würzen und mit dem Saft von einer Zitrone beträufeln.

3. Das besonders gute native Olivenöl in einer Pfanne erhitzen (es geht auch in einem AMC-Bräter) und den Lachs darin auf jeder Seite etwa 2–3 Minuten braten. Die Butter erhitzen und das Gemüse abgießen. Danach das Gemüse mit den Zitronenraspeln in der erhitzten Butter kurz schwenken und auf flachen Esstellern ein Gemüsebett anlegen.

4. Das Lachsfilet auf dem Gemüsebett anrichten und mit Kerbel garnieren.

Lohifilee ja parsa vihannespohjalla

Ainekset

- 560 g lohifileetä
- 240 g parsaa, vihreää
- 180 g sokeriherneen palkoja
- 240 g porkkananippu
- 1 rkl oliiviöljyä,luonnonmukaista, kylmäpuristettua
- 1 rkl voita (iirlantilaista)
- ½ tl sitruunan kuorta, raastettua, luomua
- 1 sitruunan mehu
- suolaa, karkeata, myllyssä jauhettua
- pippuria, mustaa, myllyssä jauhettua
- 12 kirvelin lehteä koristelua varten

Valmistus

1. Vihannekset pestään ja kuoritaan. Parsan alaosasta leikataan pois pieni pala , alimmainen ¼ osa kuoritaan ja parsa leikataan 2–3 cm:n paloiksi. Porkkanat leikataan pieniksi paloiksi tai siivuiksi.

2. Vihannekset keitetään erillään melkein kypsiksi (al dente). Parsa ja porkkanat n. 3–4 minuuttia, herneet vain 1 minuutin ! Lohifilee maustetaan suolalla ja pippurilla ja päälle tiputetaan sitruunan mehua.

3. Erittäin hyvä luonnonmukainen oliiviöljy kuumennetaan pannussa (voidaan käyttää myös AMC pataa). Siinä paistetaan lohta 2-3 minuuttia molemmin puolin.Voi kuumennetaan ja vesi kaadetaan vihanneksista pois. Sen jälkeen kuumennetaan vihannekset ja sitruunaraaste nopeasti voissa ja laitetaan matalalle lautaselle

4. Lohifilee asetellaan vihanneksien päälle ja koristellaan kirvelin lehdillä.

89

Kanada

 # Tilapia Ofenpfanne

Man nehme

- 4 Fischfilets, Tilapia-Filets, TK
  (oder anderen Weißfisch)
- 4 Pellkartoffeln
- 1 gelbe Paprikaschote
- 2 rote Paprikaschoten
- 2 Zwiebeln
- 1 rote Zwiebel
- 4 Knoblauchzehen, gepresst
  (nach Geschmack gerne mehr)
- 3 Zitronen
- 4 EL Olivenöl
- 200 g Brokkoli
- 200 g grünen Spargel
- Salz und weißen und schwarzen Pfeffer
- Kräuter, je nach Geschmack

Zubereitung

1. Tilapiafilets noch tiefgekühlt von beiden Seiten salzen und pfeffern, mit ca. 2 Knoblauchzehen einreiben und mit 1 EL Olivenöl beträufeln. Auf ein ungefettetes Ofenblech legen (am besten die Fettpfanne).

2. Die Pellkartoffeln in Scheiben schneiden. Zwiebeln schälen und in Ringe schneiden. Knoblauch pressen. Zitronen auspressen, Saft behalten. Zitronenschale von ½ Zitrone reiben. Spargel evtl. schälen und quer halbieren. Paprika putzen und in großzügige Streifen schneiden. Brokkoliröschen vorbereiten: Wenn frisch, kurz (!) in kochendem Salzwasser blanchieren. Bei TK-Brokkoli die Röschen nicht auftauen lassen, sondern tiefgekühlt verwenden.

3. Aus Salz, Pfeffer, restlichen gepressten Knoblauchzehen, Zitronensaft, Olivenöl und evtl. Kräutern eine Gewürzsoße herstellen. Das vorbreitete Gemüse damit würzen. Reste der Soße behalten.

4. Kartoffelscheiben um die Tilapia-Filets verteilen, dazwischen die Paprikastreifen und die Spargelstücke drapieren. Außen herum die Brokkoli-Röschen drapieren. Über alles die Zwiebelringe verteilen. Übriggebliebene Würzsoße großzügig über die Pfanne verteilen.

5. Im vorgeheizten Ofen bei 200° C ca. 30–40 Minuten garen, die letzten 5 Minuten evtl. mit dazugeschaltetem Grill.

Dazu frisches Baguette reichen.

Tilapia Oven Pan

Ingredients

- 4 fish fillet(s), frozen Tilapia fillets (or other white fish)
- 4 potatoes in their jacket
- 1 yellow pepper
- 2 red peppers
- 2 onions
- 1 red onion
- 4 pressed garlic cloves (more according to taste)
- 3 lemons
- 4 tbsp. olive oil
- 200 g broccoli
- 200 g green asparagus
- salt and (white and black) pepper
- herbs, according to taste

Method

1. Salt and pepper still frozen Tilapia fillets from both side, rub with approx. 2 garlic cloves, sprinkle with 1 tbsp olive oil. Place on non-greased oven pan (better frying pan).
2. Cut potatoes in their jackets into slices. Peel onions and cut into rings. Press garlic. Squeeze lemons, keep juice. Grate zest from 1/2 a lemon. (If necessary) Peel asparagus and half crosswise. Clean peppers and cut into generous stripes. Prepare broccoli florets and, if fresh, blanch shortly in hot salt water. If frozen broccoli, don't thaw florets but use frozen.
3. Prepare seasoning sauce from salt, pepper, remaining pressed garlic cloves, lemon juice, olive oil and perhaps herbs. Season prepared vegetables with it. Keep rest of the sauce.
4. Spread potato slices around Tilapia fillets, place pepper stripes and asparagus pieces in between. Circle with broccoli florets. Spread onion rings on top of everything. Pour remaining seasoning sauce generously over the whole dish.
5. Cook in pre-heated oven at 200 degree Celsius for approximately 30 to 40 minutes. Perhaps add perhaps grill for the last five minutes.

Serve with fresh baguette bread.

Mexico

Karotten und Spargel mit Salsa verde

Man nehme

- ½ Bund Koriandergrün
- 1 großes Bund Basilikum
- 2 Knoblauchzehen
- 2–3 in Salz eingelegte Sardellenfilets
- 1 EL Kapern
- 1–2 EL Zitronensaft
- 4 EL Olivenöl
- Salz
- Pfeffer aus der Mühle
- 700 g junge Karotten
- 3 EL Butter
- 2 EL Zitronensaft
- 1 Prise Zucker
- 1 Prise Salz
- 500 g grünen Spargel

Zubereitung

1. Um am Ende nicht in Stress zu kommen, am besten erst mal die Salsa zubereiten (eine würzige grüne Soße – hier eher mild statt chilischarf, passend zum zarten Gemüse). Dafür Koriander und Basilikum waschen, trockenschütteln und Blättchen abzupfen. Knoblauch schälen und hacken. Sardellenfilet abspülen und mit Küchenpapier trocken tupfen, kleinschneiden. Kräuter, Knoblauch, Sardellen und Kapern mit Zitronensaft und Olivenöl pürieren. Die Salsa mit Salz und Pfeffer abschmecken.

2. Karotten schälen und längs in kleine fingerdicke Streifen schneiden (also halbieren oder vierteln, je nach Dicke). In einem breiten Topf 2 EL Butter zerlassen, Karotten darin wenden. Dann etwa 1/8 Liter Wasser, Zitronensaft, Zucker und Salz dazugeben, zugedeckt etwa 5 Minuten bei geringer Hitze köcheln lassen.

3. Den Spargel waschen, die holzigen Enden abschneiden, Spargelstangen im unteren Drittel schälen. Zu den Karotten in den Topf geben, beides weitere 5 Minuten garen. Den Rest der Butter untermischen und eventuell noch etwas Wasser angießen. Das Gemüse soll nicht zu weich werden, sondern noch etwas Biss haben.

4. Die Gemüsestangen aus dem Topf heben und auf eine vorgewärmte Platte legen. Die Salsa verde mit 4–5 EL heißem Sud aus dem Topf verrühren und als Soße dazu servieren.

Zanahorias con espárragos en salsa verde

Ingredientes

- ½ ramo de corianda verde
- 1 ramo grande de albahaca
- 2 dientes de ajo
- 2-3 filetes de sardina salados en concerva
- 1 cuchara sopera de alcaparras
- 1-2 cucharas soperas de jugo de limón
- 4 cucharas soperas de aceite de olivo
- sal
- pimienta de molino
- 700 grm de zanahorias miniatura frescas
- 3 cucharas soperas de mantequilla
- 2 cucharas soperas de limón
- 1 pizca de azucar
- 1 pizca de sal
- 500 grm de espárragos verdes

Preparación

1. Para evitar estress, lo mejor es empezar por la preparación de la salsa verde (una salsa verde condimentada- aquí se sugiere un sabor picante medio que valla con las verduras tiernas).

2. Se lava la corianda y el albahacar, sacudir lo que se pueda de agua y deshojar. El ajo se pela y se corta, las sardinas se sacan y se lavan con poco de agua y se secan con papel de cocina, después se cortan en pequeños pedazos. Se hace un puré con las hiervas, el ajo, las sardinas, las alcaparras, jugo de limón y aceite de olivo, sazonar con sal y pimienta.

3. Se pelan las zanahorias y se cortan a lo largo rebandas de un centímetro y medio, o bien partir a la mitad y cada mitad partir en dos según el grueso de la zanahoria. En un molde extendido y grande se derriten dos cucharas soperas de mantequilla, se agregan las zanahorias, después se agrega 1/8 l. de agua, el jugo de limón y sal, con una flama ligera se dejan cocer por cinco minutos.

4. Los espárragos se lavan y se corta la parte inferior, y se pelan. Después se agregan a las zanahorias y se dejan cocer otros cinco minutos. El resto de la mantequilla se agrega y eventualmente se agrega algo de agua. La verdura no debe quedar muy blanda, debe quedar en su punto de cocción.

5. La verdura se setira del molde y se coloca en un plata precalentado. La salsa verde se mezcla con cuatro o cinto cucharadas de soperas de el caldo de las zanahorias y servir como salsa.

Russland

Spargelmousse mit rotem Kaviar und Erbsen

Man nehme

Für die Mousse:
- 200 g Spargel aus der Dose
- 22 g (2 Blättchen) Gelatine
- 3 Esslöffel Schlagsahne

Für die Zubereitung:
- 3-4 Esslöffel grüne Erbsen (tiefgekühlt oder aus der Dose)
- 80 g roten Kaviar
- 1 Esslöffel Olivenöl
- 3-5 Tropfen Pernod
- 1 Zweig Petersilie

Zubereitung

1. Die Gelatine mit Wasser anfeuchten. Spargel aus der Dose abgießen, 2 Esslöffel des Spargelwassers auffangen. Den Spargel mit einer Serviette abtrocknen und im Mixer kleinhacken. Das Spargelwasser erhitzen, darin die Gelatine auflösen und die Spargelmasse einrühren. In die sich bildende Mischung die Schlagsahne vorsichtig unterheben und zu einer konsistenten Masse verrühren. In Förmchen füllen und 2 Stunden im Kühlschrank erstarren lassen.
2. Die grünen Erbsen mit dem Kaviar mischen und mit Pernod sowie Olivenöl beträufeln.
3. Die Mousse aus den Förmchen stürzen und mit der Kaviar-Erbsen-Mischung dekorieren.

Мусс из спаржи с гарниром из красной икры и горошка

Для рецепта вам потребуется

для мусса:
- консервированная спаржа – 200г
- желатин – 22г (2 пластинки)
- сливки   3 ст.л.

для гарнира:
- зеленый горошек – 3–4 ст.л.
- красная икра – 80г
- оливковое масло – 1 ст.л.
- перно (Pernod) – 3–5 капель
- петрушка (веточка) – 1 шт.

1. Замочить желатин в воде. Консервированную спаржу слить, оставив две столовых ложки сока, обсушить салфеткой, измельчить в миксере. Сок от спаржи подогреть, растворить в нем желатин, положить спаржу, размешать, добавить в получившуюся массу взбитые сливки и вымешать до получения однородной массы. Разложить по формочкам и поставить часа на два в холодильник.
2. Смешать зеленый горошек с красной икрой, добавить масло и перно.
3. Аккуратно выложить мусс из формочек на тарелки, украсить икрой и зеленью.

HL

Spargel im deutschen Norden und Westen

Spargel »Grün-Weiß« mit Parmesan

Man nehme

- 1 kg grünen Spargel
- 1 kg weißen Spargel
- Olivenöl
- Salz
- Knoblauch
- schwarzer Pfeffer
- 1 Bund glatte Petersilie
- 100 g frisch geriebenen Parmesan

Zubereitung

1. Unteres Drittel des grünen Spargels schälen, weißen Spargel schälen und die Enden kappen. Spargel diagonal in 3–4 cm lange Stücke schneiden. Petersilienblätter feinhacken.
2. Olivenöl in einer großen Pfanne erhitzen, Spargel in die Pfanne geben und braten, bis er außen leicht gebräunt ist. Mit Salz, feinst geschnittenem Knoblauch und Pfeffer würzen.
3. Parmesan und Petersilie über den noch warmen Spargel geben. *Bremer trinken dazu ein hier gebrautes Bier.*

Spaars »Gröön-Witt« met Parmesan

Wat hört da to?

- 1 kg gröönen Spaars
- 1 kg witten Spaars
- Ööl von de Oliven
- Solt
- Knuuflook
- Schwatten Pepper
- 1 Bünn gladde Petersill
- 100 g fresch Parmesan, fin rieven

Wi ward dat kookt?

1. Darin gröönen Spaars an dat ünnern end schälen, dan´n witten Spaars schälen ünd de Ennen afsnieden. Spaars dwars hin dörch in 3–4 cm lang Stücken snieden. Petersillbläder fin hakken.
2. Ööl von de Oliven in een groten Pann heet warn laten, gröönen ünd witten Spaars in de Pann gäben ünd braden, bet de Spaars buten licht bruun is. Met Solt, fin sneden Knuuflook ünd Pepper krüdern.
3. Parmesan ünd Petersill över dan´n noch warmen Spars gäben. Lüüd ut Bremen drinkt dorto een hier bruent Beer.

Heidis Spargelsalat

Man nehme

- 500 g weißen Spargel
- 500 g grünen Spargel
- 8 Eier
- 300 g Ananas (frisch oder aus der Dose)
- 1 Glas Mayonnaise (350–400 g), alternativ Jogurtcreme oder Salatcreme
- Saft einer halben Zitrone
- Salz, Pfeffer
- kleine Schinkenwürfel zur Dekoration

Zubereitung

1. Den grünen und weißen Spargel wegen der unterschiedlichen Garzeit getrennt bissfest kochen. Den Spargel gut abtropfen und auskühlen lassen.
2. Die Eier hartkochen, abpellen und zerkleinern.
3. Die Ananas in Stücke schneiden.
4. Alle Zutaten im erkalteten Zustand vermengen, mit dem Zitronensaft, Salz und Pfeffer abschmecken. Den Spargelsalat evtl. mit Schinkenwürfeln garnieren und kaltstellen. Dazu schmeckt frisches Baguette oder Roggenbrot.

 # Stangenspargel mit Knoblauchmayonnaise

Spargel im Nordwesten des Nordens

Die Region Weser/Ems ist eine »spargelreiche« Gegend. Von 120 Betrieben wird Spargel auf 1.000 Hektar angebaut. Der Spargel wird überwiegend für private Kunden und die Gastronomie der Region vermarktet. Nur zehn Prozent gehen in den Handel.

Aus dem legendären Kochbuch »Küche der Geest«, zusammengestellt von den Landfrauen Wildeshausen und Dötlingen, ist dies eine besondere Vorspeise:

Man nehme

- 1 kg weißen Spargel
- 4 EL Mayonnaise
- 1 Eigelb
- 2 Knoblauchzehen
- 1 TL Senf
- Salz, Pfeffer

Zubereitung

1. Spargel schälen, 20 Minuten in Wasser kochen.
2. Zutaten für die Soße vermengen.
3. Spargel servieren, dazu die Soße reichen.

Oma Julas Spargelpannekooke

Hannelore Kubicek:

»Meine Kölner Großmutter Julie wäre heute 112 Jahre alt. Ich denke oft an sie – besonders zur Spargelzeit. Als Kind lebte ich bei ihr. Sie verehrte Zeit ihres Lebens Konrad Adenauer, bereits als Kölner Oberbürgermeister und später als Bundeskanzler so sehr, dass sie dessen Lieblingsgericht Apfelpfannkuchen auch für uns übernahm. Weil er diesen angeblich mehrmals in der Woche aß, gab es jeden Abend Pfannkuchen. Aber nicht immer mit Äpfeln, je nach Jahreszeit auch mit Erdbeeren, Kirschen oder Pflaumen und allem, was der Schrebergarten hergab. Und zur Spargelzeit gab es sonntags als besonderes Essen Spargelpfannkuchen.«

Man nehme

Für die Pfannkuchen
- 2 El Mehl
- 1 Ei
- 1 Prise Salz
- Milch und Sprudelwasser (im Verhältnis 2/3 zu 1/3)

Für den Spargel
- 4 Stangen
- Salz, Zucker und Butter

Für die »Arme Leute«-Sauce Hollandaise
- Butter
- 1 El Mehl
- Salz
- Sahne,
- evtl. 1 frisches Eigelb
- Schinken
- 70 gr gekochten Schinken
- Petersilie

Zubereitung

1. Die Zutaten mit dem Mixer zu einem glatten Teig verrühren und in einer gefetteten Pfanne ausbacken.
2. Spargel waschen, schälen und in wenig kochendem Wasser mit Salz, Zucker und Butter ca. 7 Minuten kochen.
3. Butter in einem Topf flüssig werden lassen, Mehl hinzugeben und vorsichtig mit Spargelwasser nach und nach zu einer glatten Creme verrühren. Eventuell ein frisches Eigelb unterrühren, mit Salz und Sahne abschmecken.
4. Schinken in kleine Quadrate (1 x 1 cm) schneiden.
5. Den Pfannkuchen mit dem Spargel belegen, den gekochten Schinken darauf verteilen und die »Arme Leute«-Sauce Hollandaise nach Bedarf darübergießen. Den Pfannkuchen einrollen und auf den gerollten Pfannkuchen Persilie streuen.

Vell Spaß beim Koche und loot es üch schmecke!

Holsteiner Fischpfanne mit Spargel, Krabben und Schnittlauchrahm

Man nehme

- 4 Schollenfilets
- 2 EL Schnittlauch
- 600 g Kartoffeln
- 150 g Nordseekrabbenfleisch
- 250 g grünen Spargel
- 60 g Butter
- 4 EL Öl
- ½ Bund Kerbel
- 150 g saure Sahne
- Meersalz
- Pfeffer

Zubereitung

1. Kartoffeln waschen und in Salzwasser etwa 15 Minuten garen. Inzwischen die Schollen waschen und trockentupfen. Werden tiefgefrorene Schollenfilets verwendet, diese nach Packungsangaben auftauen.

2. Backofen auf 140° C Umluft vorheizen. In einer Pfanne zwei Esslöffel Öl erhitzen. Schollenfilets salzen und darin von jeder Seite kurz und kräftig anbraten. Auf ein mit Backpapier ausgelegtes Backblech legen, jeweils einige Butterflöckchen daraufgeben und 10–15 Minuten garen.

3. Spargel putzen und jede Stange schräg in drei bis vier Stücke schneiden. Restliche Butter in einer großen Pfanne aufschäumen lassen und die Spargelstücke darin bei geringer Hitze unter mehrmaligem Wenden bissfest braten. Kartoffeln abgießen, halbieren und zum Spargel geben. Einige Minuten mitbraten und mit Salz und Pfeffer würzen.

4. Kerbelblätter grob schneiden und mit den Krabben mischen. Saure Sahne mit dem Schnittlauch verrühren.

Soßen
zum Spargel

Zerlassene Butter, Braune Butter

Zubereitung

Butter langsam zerlassen, bis sie klar ist. Sich setzende Molke und Flüssigkeit durch Umschütten vorsichtig entfernen. Oder beim Anrichten vorsichtig von oben abnehmen. Beim Anrichten unten in das Geschirr gehackte Petersilie geben. Auch einige Spritzer Zitrone schmecken gut.

Zubereitung der Brauen Butter

Butter in einem flachen Geschirr oder einer Pfanne zerlassen. Molke abschütten, nachdem sie sich gesetzt hat. Butter langsam bräunen.

 # Holländische Soße

Man nehme

- 4 EL Wasser
- 2 EL Essig
- 1 Prise Salz
- 1 Prise Pfeffer
- 1 zusätzlichen EL Wasser
- 5 Eidotter
- 350 g Butter
- Spritzer Zitrone

Zubereitung

1. Wasser, Essig, Salz und Pfeffer zu 2/3 einkochen lassen. Soßengeschirr in heißes Wasserbad stellen. 1 EL Wasser und Eigelb unterrühren.
2. Auf 45° C erwärmte, zerlassene Butter (das ist lauwarm) Löffelchen für Löffelchen unterrühren, bis die Soße dicklich wird. Soße nie zu heiß werden lassen, weil sie dann sofort gerinnen würde. Manchmal läßt sich auch 500 g anstatt der angegebenen 350 g Butter unterziehen. Aber vergessen Sie bitte nicht: Die Eigelb haben verschiedene Bindekraft. Frische Eier haben die stärkste Bindekraft! Als Anfänger sollten Sie daher möglichst nicht über die angegebenen Rezeptmengen hinausgehen. In den meisten Fällen läßt sich die Soße auch mit Spargelwasser (wieder 45° C!) verlängern, aber: die Soße soll dick bleiben!
3. Fertige Soße mit Zitrone abschmecken.

Béarner Soße

Sauce Béarnaise gehört zwar nicht zu den »klassischen« Spargelbeigaben. Aber man isst sie heute sehr häufig zum Stangenspargel.

Man nehme

- 3 Schalotten
- 1 Msp Thymian
- 1 Spur Lorbeerblatt
- etwas Estragon
- Salz, Pfeffer
- 6 EL Weinessig
- 6 EL Weißwein
- 3 Eigelb
- 150 g zerlassene Butter
- einige Spritzer Zitrone
- 1 TL Petersilie
- evtl. etwas Fleischextrakt

Zubereitung

In ein flaches Geschirr gibt man kleingehackte Schalotten, Thymian, Estragon, Lorbeerblatt, Salz, Pfeffer, Essig und Wein. Alles einkochen und erkalten lassen. Eigelb hinzugeben und im Wasserbad wie holländische Soße aufschlagen. Ganz nach Belieben durch ein feines Sieb streichen. Mit gehackter Petersilie vermischen und – nicht original, aber weithin üblich – etwas Fleischextrakt unterziehen.

 # Melba-Soße

Melba-Soße ist die Spezialsoße zum grünen Spargel!

Man nehme

- 1 Schalotte
- Prise Salz
- 8 Eigelb
- 8 EL Schlagsahne
- 1 EL Tomatenmark
- 4 EL Weißwein (ganz echt: Chablis)

Zubereitung

Gehackte Schalotte mit Wein und Salz stark verkochen. Alle anderen Zutaten dazugeben und im heißen Wasserbad oder bei mäßiger Hitze fortwährend mit dem Schneebesen aufschlagen. Die Soße muss dicklich sein, sie darf aber nicht kochen!

 # Grüne Soße

Man nehme

- 1 Bund Borretsch Kerbel, Kresse, Petersilie, Pimpinelle, Sauerampfer und Schnittlauch (Mengen können bis auf den Borretsch variiert werden)
- 2 Tassen Olivenöl »extra vergine«
- 2 TL Dijonsenf
- 4 EL Weißweinessig
- 4 hartgekochte Eigelbe
- Salz
- weißen Pfeffer

Zubereitung

Kräuter sehr fein hacken. Entweder mit Olivenöl, Senf und Weißweinessig, den Eigelben, Salz und Pfeffer durch ein feines Sieb treiben oder einfach kurz im Mixer mixen.
Zu frisch gekochtem Spargel servieren.

Indische Soße

Man nehme

- 3/4 Tasse Mayonnaise
- 1/4 Tasse geschlagene Sahne
- Spritzer Zitrone
- Curry nach Geschmack
- 1 TL geschnittenen Mango-Chutney

Zubereitung

Alle Teile miteinander vermischen und servieren.

Japanische Soße

Warum nicht auch einmal dies probieren? So isst man Spargel warm und kalt im größten Spargelanbaugebiet der Welt, auf Formosa, das lange Zeit japanisch beeinflusst war.

Zubereitung

Alle Teile schmackhaft miteinander vermischen und anrichten. Oder über den kalten Spargel gießen.

Man nehme

- 1/2 Tasse Sojasoße
- Saft einer Orange
- Schuss Reiswein oder Sherry
- Msp Glutamat (Schwangere sollten es weglassen)

Sizilianische Soße

Man nehme

- ¾ Tasse Mayonnaise
- 2 EL Tomatenketchup
- einige frische Pilze oder Pilze aus der Dose
- Schuss Weißwein
- Spritzer Zitrone
- Prise Salz
- Prise Pfeffer

Zubereitung

Gehackte Pilze mit Mayonnaise, Tomatenketchup und den übrigen Teilen schmackhaft vermischen.

Sauce Vinaigrette

Man nehme

- 3–4 Perlzwiebeln
- 1 TL gehackte Kräuter
- 3 Pfeffergurken
- 1 EL Kapern
- 1 Schuss Speiseöl
- 1 Schuss Weinessig
- 1 TL Senf
- 1 Prise Salz
- 1 Prise Pfeffer

Zubereitung

Zwiebeln, Kräuter, Gurken und Kapern feinhacken, mit Öl, Essig, Senf, Salz und frisch gemahlenem Pfeffer gut vermischen. Diese Soße passt zu warmem und kaltem Spargel.

🇺🇸 Spargelketchup

Man nehme:

- 1 kg frischen Brechspargel
- 1 Schalotte
- 1 Lorbeerblatt
- 6 Pfefferkörner
- 1 Msp Anis
- 3 Gewürznelken
- 1 Stück Ingwer
- 1 Stück Stangenzimt
- 1 TL Senfsamen
- 1 Prise Salz
- 1 TL braunen Zucker
- 30 g weißen Kandis
- 2 EL Weinessig

Zubereitung

1. Geschnittenen und gewaschenen Spargel mit Wasser bedecken. Geschnittene Schalotte hinzugeben, etwa 15 Minuten kochen und durch ein Sieb streichen.
2. In einen kleinen, schnell genähten Leinenbeutel Lorbeerblatt, Pfefferkörner, Anis, Gewürznelken, Ingwer, Stangenzimt, Senfsamen und, wer es mag, ganz wenig Knoblauch geben. Dies im Spargelpüree mitkochen lassen. Zur Hälfte einkochen, dabei aber fortwährend mit dem Holzlöffel rühren.
3. Salz, Zucker, Kandis, Essig hinzugeben und abschmecken. Ist die Masse dick genug, schüttet man sie in einen heiß ausgespülten Krug und versiegelt ihn mit Folie.

🇮🇳 Spargel-Chutney

Man nehme

- 500 g frischen Brechspargel
- 100 g Zwiebeln
- 125 g geschnittenen frischen Mango (sonst Avocado oder Chirimoya)
- 100 g gestückelte Ananas
- 1 TL Mandelraspel
- 1 TL Salz
- Msp Pfeffer
- 1/4 TL Ingwer
- 1 Msp Chili
- Msp Koriander
- Msp Kardamom
- Msp Nelkenpulver
- 175 g weißen Kandis
- 1/8 l Wein- oder Malzessig

Zubereitung

1. Geschnittene Zwiebel in etwas Essig dämpfen, zum Rest Essig und Kandis hinzugeben. Geschälten und gestückelten Spargel, Mango und Ananas (Ananas aus der Dose später hinzugeben) zu den Zwiebeln schütten. Mit Mandelraspeln bestreuen.
2. Salzen, pfeffern und die sonstigen Gewürze hinzugeben. Unzermahlene Gewürze können auch in einem kleinen Beutel aus weißem Stoff mitgekocht werden.
3. Chutney etwa 12 bis 15 Minuten (Spargel prüfen!) langsam kochen lassen, dabei mit dem Holzlöffel rühren und in einem Ton- oder Steinkrug aufbewahren.

Schwarzwurzel
»Spargel der armen Leute«

Wer keinen Spargel hat und auch keinen besorgen kann, dem sei hilfsweise die Gemeine Schwarzwurzel empfohlen, auch vulgo Winterspargel, schwarzer Spargel oder Spargel des »armen Mannes« genannt. Mit Vinaigrette (kalte Zubereitung) oder warmer Spargelsoße (warme Zubereitung) lässt sich auch aus ihr ein tolles Gericht zaubern.

Schwarzwurzeln können in der Größe variieren. Manche sind dick und klobig, andere, na ja, ganz dünn (das kann vorkommen, wenn man nicht beim Normhändler einkauft). Die ganz dünnen kocht man besser. Würde man sie schälen, bliebe nicht viel übrig. Für nur dünne weiße Spänchen lohnt sich der Aufwand nicht.

Zubereitung

1. Die Stangen gründlich waschen, vom Kopf her nach unten. Sodann in rund 10 cm lange Stücke schneiden, dämpfen oder in Wasser kochen, bis sie gar, aber nicht zu weich sind. Die gekochten Schwarzwurzelabschnitte in kaltes Wasser werfen. Bis sie kühl sind, kann man sich anderen Dingen zuwenden. Mit den Fingern aus den erkalteten Abschnitten das weiße Fleisch hinausdrücken. Man kann das natürlich auch mit einem scharfen Messer tun. Aber Vorsicht, dass die Finger nicht in Mitleidenschaft gezogen werden.

2. Zum Anrichten die Abschnitte in mundgerechte Stücke zerkleinern, in zerlassener Butter erwärmen und mit darübergestreutem, frisch gemahlenem schwarzen Pfeffer servieren. Passend ist natürlich auch eine Knoblauch-Chili- oder eine andere Vinaigrette.

3. Sind die besorgten Schwarzwurzelstangen dick genug, können sie mit einem Sparschäler abgezogen werden. Das Ganze kann klebrig sein. Deshalb ist es ratsam, die Stangen unter dünn fließendem Wasser oder in einer größeren Schüssel mit Wasser zu schälen.

4. Dann, wie zuvor beschrieben, dämpfen oder kochen.

5. Warm mit einer Spargelsoße (siehe warme Spargelsoßenrezepte) anrichten.

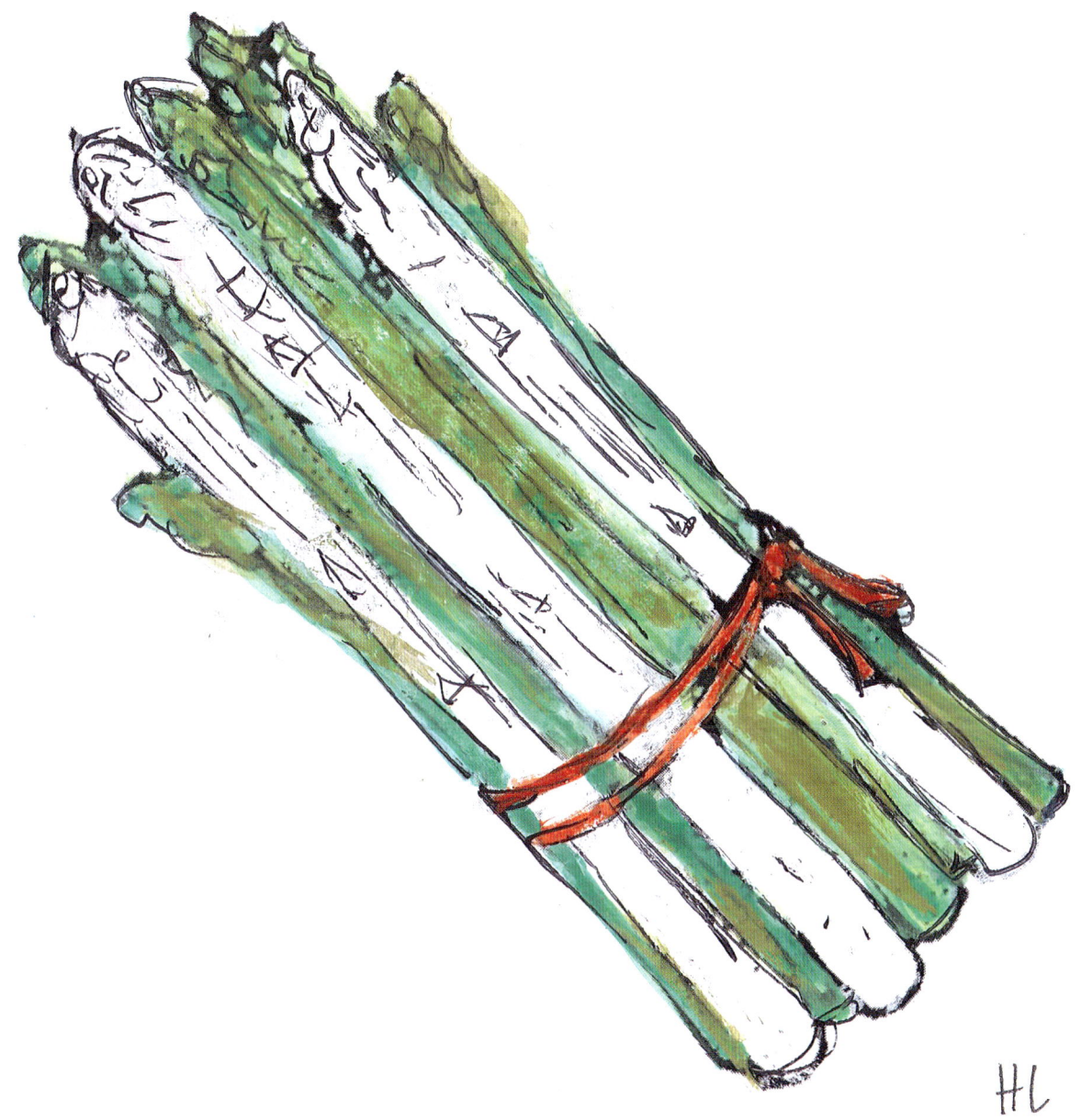

HL

Desserts

Spargel-Erdbeer-Strudel

Man nehme

- 200 g weißen Spargel
- Wasser
- 150 g Erdbeeren
- 75 g Brösel, geröstet
- 40 g Butter, zerlassen
- 100 g Rohrzucker, braun
- 50 g Butter zum Bestreichen
- 1 Pck. Blätterteig aus dem Kühlregal (Rolle)
- etwas Zitronensaft
- 1 Eigelb zum Bestreichen

Für die Soße:
- 100 g weiße Schokolade
- 50 ml Milch
- 100 ml Sahne
- 10 ml Orangenlikör

Zubereitung

1. Den Spargel im Wasser – mit etwas mehr Zucker, als sonst üblich – weichkochen. Den gekochten Spargel in kleine Stücke schneiden. Die Erdbeeren putzen und vierteln. Die Spargelstücke und Erdbeerviertel mit dem Zucker und den gerösteten Bröseln vermengen, mit Zitronensaft abschmecken.

2. Den Blätterteig ausrollen, mit zerlassener Butter bestreichen. Die Spargel-Erdbeer-Mischung auf den Blätterteil geben. Den Strudel einrollen, die Enden gut verschließen und den Strudel mit Eigelb bestreichen. Im auf 180° C vorgeheizten Rohr 20–25 Minuten goldgelb backen.

3. Den Spargel-Erdbeer-Strudel am besten auf einer weißen Schokoladensoße anrichten. Für die Soße die Schokolade in einer Schüssel zerkleinern und im Wasserbad schmelzen. Milch und Sahne aufkochen. 2 Minuten köcheln, dann mit der Schokolade verrühren. Den Likör zugeben und alles glattrühren. Passt auch zu Eis und Crêpes.

Italen

Spargeleis auf Erdbeer-Carpaccio

Man nehme

Für das Spargeleis
- 800 g weißen Spargel
- 500 ml Milch
- 1 Vanilleschote
- 200 g Zucker
- 12 Eigelb
- 500 ml Sahne
- 500 ml Wasser

Für das Erbeercarpaccio
- 300 g Erdbeeren
- 3 EL Limocello
- 3 EL ungehackte Pistazien
- etwas Crema di Balsamico
- etwas Puderzucker
- 1 Handvoll frische Melissenblätter

Zubereitung

Das Spargeleis

1. Den Spargel schälen. 500 ml Wasser aufsetzen, mit einer Prise Salz zum Kochen bringen, die Spargelschalen hineingeben und darin ca. 15 Minuten köcheln lassen. Die Schalen durch ein Sieb abgießen, den Spargelsud auffangen und wieder in einen großen Topf geben. Das Spargelwasser auf etwa 150 ml reduzieren, die Milch zugeben und darin den geschälten Spargel ca. 30 Minuten auf kleiner Flamme weich ziehen lassen.

2. Den Spargel aus dem Topf heben und durch eine »flotte Lotte« drehen. Die Spargelmasse im Kühlschrank abkühlen lassen. Die Vanilleschote mit einem Messer aufschlitzen und das Mark mit einem Messerrücken herauskratzen, in die warme Milch geben (die Vanilleschote aufheben) und die Milch etwas abkühlen lassen.

3. Einen Topf mit Wasser für ein Wasserbad aufsetzen. Wasser erhitzen aber – wichtig – nicht kochen lassen. In einer passenden halbrunden Rührschüssel das Eigelb mit ca. 100 g Zucker schaumig schlagen, dann auf das Wasserbad setzen. Unter stetigem Rühren warm werden lassen und dann langsam die noch warme, aber nicht heiße Milch dazugeben. Schlagen, bis die ganze Milch in der Eimasse ist und die Mischung sämiger wird.

4. Die Milch-Ei-Masse im Kühlschrank abkühlen lassen.

5. Eine Eismaschine aufstellen. In einer hohen Rührschüssel die Spargelmasse, die Milch, die Sahne, den Rest Zucker mit einem Pürierstab aufmixen, die Masse in die Eismaschine einfüllen und ca. 30 Minuten lang zu einem leckeren Eis rühren lassen. Evtl. den Behälter noch für ein paar Minuten in die Kühltruhe stellen.

6. In der Zwischenzeit das Erdbeercarpaccio fertigstellen.

Das Erdbeercarpaccio

Erdbeeren putzen, trocknen, entstielen und in dünne Scheiben schneiden. Die Scheiben auf 6 Desserttellern deokrativ anrichten. Die Erdbeeren mit Limocello und einigen Tropfen roter Crema di Balsamico beträufeln. Die Erdbeeren etwas ziehen lassen, bis das Eis fertig ist.

Serviervorschlag

Die Erdbeeren mit etwas Puderzucker bestäuben, das Eis mit zwei Esslöffeln zu Nocken formen und auf die Erdbeeren setzen. Mit den Pistazien bestreuen und abschließend mit Melissenblättern garnieren.

Gelato di asparagi su carpaccio di fragole

Ingredienti

Per il gelato d'asparagi
- 800 g asparagi bianchi
- 500 ml latte
- 1 baccello di vaniglia
- 200 g zucchero
- 12 tuorli
- 500 ml panna
- 500 ml acqua

Per il carpaccio di fragole
- 300 g fragole
- 3 EL limocello
- 3 EL pistacchi interi
- crema di Balsamico
- zucchero a velo
- 1 manciata di foglie fresche di melissa

Preparazione

Gelato di asparagi

1. Pelare gli asparagi. Far bollire 500 ml di acqua con un po' di sale, aggiungere le bucce degli asparagi e cucinare per ca. 15 minuti. Scolare le bucce, raccogliere il liquido e rimettere in una pentola grande. Ridurre l'acqua di asparagi a ca. 150 ml, aggiungere il latte e cucinare a fuoco lento gli asparagi pelati per ca. 30 minuti.

2. Togliere gli asparagi dalla pentola e passare in passaverdure. Far raffreddare la crema d'asparagi in frigo. Tagliare il baccello di vaniglia, togliere la polpa e aggiungere al latte caldo (conservare il baccello). Far raffreddare un poco il latte.

3. Preparare una pentola per il bagnomaria. Scaldare l'acqua ma non farla bollire (importante!). Sbattere i tuorli con ca. 100 g di zucchero in una scodella e mettere nel bagnomaria. Riscaldare girando continua-

mente, poi aggiungere il latte ancora caldo ma non più bollente. Girare per far assorbire tutto il latte nella crema di tuorli e rendere più densa la miscela.

4. Far raffreddare la crema ottenuta in frigo.

5. Mettere in funzione la gelatiera. In una ciotola alta mischiare la crema d'asparagi, il latte, la panna, lo zucchero restante con un minipimer. Versare il composto nella gelatiera e far girare per ca. 30 minuti. Eventualmente mettere ancora per qualche minuti in freezer.

6. Nel frattempo preparare il carpaccio di fragole.

Il carpaccio di fragole

Lavare e asciugare le fragole, togliere il picciolo, tagliare in fettine sottilissime. Sistemare le fette su sei piatti da dessert in modo decorativo. Versare un po' di limoncello e qualche goccia ci crema di balsamico. Lasciar riposare le fragole durante il tempo di preparazione del gelato.

Suggerimento di presentazione

Spolverare le fragole con un po' di zucchero a velo. Con due cucchiai formare delle palline di gelato e mettere sulle fragole. Ricoprire con pistacchi e decorare con foglie di melissa.

Spanien

Spargelflan mit Spargelspitzen in Karottenschaum

Man nehme

- 800 g weißen Stangenspargel
- 100 g Crème fraîche
- 3 Eier
- 3 Eigelb
- 200 g junge Karotten
- ½ Schalotte
- 40 g Butter
- 20 g Butterschmalz zum Anschwitzen
- Salz und weißen Pfeffer aus der Mühle
- etwas Zucker
- 1 Spritzer Apfel-Honig-Essig

Zubereitung

1. **Für den Flan**

   Den Stangenspargel waschen, schälen, die Spargelenden und Spitzen abschneiden, die Spitzen zur Seite stellen. Die Schalen und Abschnitte in Salzwasser mit einer Prise Zucker 10 Minuten kochen lassen und den Sud absieben. Die verbleibenden Spargelstangen in gleich kleine Stücke schneiden. Ca. 40 g der Butter in einer Kasserolle erhitzen, die Spargelstücke kurz anschwenken, mit ein wenig Sud ablöschen und garziehen lassen. Den Sud absieben, die Spargelstücke abkühlen lassen und in einen Küchenmixer geben. Eier, Eigelbe und Crème fraîche dazugeben, mixen und abschmecken. Den Backofen auf 200° C vorheizen. Die Souffléform ausbuttern und mit dem Spargelpüree füllen. Im Wasserbad 15 bis 20 Minuten garen, bis unser Flan stockt.

2. Die Karottensoße und die Spargelspitzen kochen. Hierfür die Schalotte schälen und in feinste Würfel schneiden. Die Karotten waschen, schälen und in gleich kleine Stücke schneiden. Das Butterschmalz in einem Topf erhitzen, die Schalottenwürfel und eine Prise Zucker kurz anschwenken. Die kleingeschnittenen Karotten dazugeben, mit dem Sud bedecken und weichköcheln lassen. Im Küchenmixer pürieren und durch ein feines Sieb passieren. Nochmals ganz kurz aufkochen sowie mit Salz, Pfeffer und einem Spritzer Apfel-Honig-Essig abschmecken. Die Soße mit dem Stabmixer aufschäumen. Gleichzeitig die Spargelspitzen in unserem Sud garziehen lassen.

3. Anrichten und servieren. Den Flan aus der Form stürzen, in der Mitte des Tellers anrichten, mit den Spargelspitzen umlegen, mit der Soße nappieren und sofort servieren.

Flan de espárragos con puntas de espárragos y espuma de zanahoria

Ingredientes

- 800 grm de espárragos blancos
- 100 grm de créme fraíche o crema natural espeza.
- 3 huevos
- 3 claras
- 200 gramos de zanahorias pequenas
- ½ cebolla
- 40 grm de mantequilla
- 20 grm de manteca
- sal y pimienta molida
- algo de azucar
- una pizca de vinagre de manzana con miel

Preparación

1. **Preparación para el flan**

   Se lavan y se pelan los espárragos, la parte inferior se corta y la cabeza también, se colocan en un molde separado. Se cocen las cascaras de los espárragos junto con la parte inferior de los espárragos con agua y sal y una pizca de azucar por diez minutos aproximadamente, el caldo se separa de las cascaras. El resto de los tallos de espárragos se cortan en pedazos pequenos iguales, se agrega 40 grm de mantequilla en una cacerola, ya que está derretida la mantequilla se pasean los espárragos por un minuto y se agrega un poco del caldo hasta que estén cocidos en su punto. El caldo se separa y se dejan enfriar los espárragos para depositarlos despúes en la licuadora junto con el huevo, la clara de huevo y la crema, todo se mezcla.

2. Se calienta el horno a 200 grados, la forma de souflé se engrasa y se coloca el puré de espárragos, en baño maria se deja cocer hasta que esté listo alrededor de quince a veinte minutos.

3. La salsa de las zanahorias y las cabezas de los espárragos se cocen. Los cebollines se pelan y se cortan en pequenos cubos. Se lavan las zanahorias, se pelan y se cortan en pequeños pedazos iguales. Se calienta la manteca en un molde y se agregan los cebollines con una pizca de azucar, después se agregan los pequeños pedazos de la zanahoria y con el caldo se cubren y se dejan cocer. Se depositan en la licuadora y se colan con un colador fino, después se calienta de nuevo y se sazona con sal y pimienta y un poco de vinagre de manzana y miel. Esta salsa se hace espuma con el mezclador manual. Al mismo tiempo se dejancocer las cabezas de los espárragos.

4. El flan se saca de su forma, se coloca en la midad de los platos y se decora con las cabezas de los espárragos y con la espuma de zanahoria. Y se sirve de inmediato.

Crêpes mit Grünspargel und Anis Sabayon

Man nehme

Crêpes
- 600 g Kartoffeln, mehligkochend
- 1 EL frische Butter
- ca. 500 ml Milch
- 5 Eier
- 4–5 EL Mehl
- Salz, Pfeffer, Muskat
- 2 EL Bratbutter

Spargelragout
- 500 g grünen Spargel
- 2 l Wasser
- 1 EL Salz
- 2 Würfel Zucker
- 1 EL Butter

Anis Sabayon
- 3 frische Eigelb
- 50 ml Anislikör
- 100 ml Gemüsebrühe
- Salz, Pfeffer

Zubereitung

1. Die Kartoffeln in der Schale in Salzwasser weichkochen. Noch heiß schälen und durchs Passevite treiben. Die Butter und Milch unter das Püree rühren, erkalten lassen.
2. Eier und Mehl zufügen, mit Salz, Pfeffer und Muskat würzen.
3. In der Bratbutter Crêpes von ca. 16 cm Durchmesser backen; die Crêpes nach 3 Minuten mit Hilfe eines eingefetteten Pfannendeckels oder Tellers wenden und nochmals 3 Minuten fertigbacken. Warm stellen.
4. Den Spargel vorbereiten, in beliebige Stücke schneiden. Wasser, Salz, Zucker und Butter aufkochen. Die Spargel darin ca. 12 Minuten knapp weich garen.
5. Sabayon: Das Eigelb mit Salz, Pfeffer, Anislikör und Brühe in einer Metallschüssel verrühren. Die Schüssel in ein heißes Wasserbad setzen und die Eigelbmasse mit dem Handrührgerät ca. 3 Minuten dickflüssig und cremig aufschlagen.
6. Die Sabayon mit Salz, Pfeffer und Zitronensaft abschmecken und sofort servieren.

Crêpes aux asperges vertes et Sabayon d'anis

Ingrédients

Crêpes
- 600gr. de pommes de terre à chair farineuse
- 1 cuillère à soupe de beurre
- 5dl. de lait
- 4-5 cuillères de farine
- Sel, poivre, noix de muscade
- 2 cuillères à soupe de beurre fondu

Ragout d'asperges
- 500 gr. asperges vertes
- 2 litres d'eau
- 1 cuillère à soupe de sel
- 2 morceaux de sucre
- 1 cuillère à soupe de beurre

Sabayon d'anis
- 3 jaunes d'œuf
- 50ml de liqueur d'anis
- 100 ml de bouillon de légume
- Sel, poivre

Préparation

1. Faire cuire les pommes de terre jusqu'à ce qu'elles soient tendres, les éplucher et les passer dans un moulin à purée. Ajouter le lait et le beurre à la purée et la laisser refroidir.
2. Ajouter les œufs et la farine. Assaisonner avec du sel, du poivre et de la noix de muscade.
3. Dans le beurre fondu, faire cuire des crêpes d'environ 16 cm de diamètre. Au bout de trois minutes retourner les crêpes à l'aide d'une assiette. Et laisser cuire de nouveau 3 minutes de l'autre côté. Garder au chaud.
4. Couper les asperges à la taille souhaitée. Faire bouillir l'eau, le sel, le sucre et le beurre et y plonger les asperges pendant 12 minutes jusqu'à ce qu'elles soient al dente.
5. Pour Sabayon : Mélanger le jaune d'œuf avec le sel, le poivre et la liqueur d'anis ainsi que le bouillon de légume dans un saladier. Placer le saladier dans de l'eau chaude et mixer au batteur pendant 3 minutes jusqu'à obtention d'un mélange crémeux et consistant.
6. Assaisonner le Sabayon avec du sel, du poivre et jus de citron et servir tout de suite.

Spargeltörtchen mit Rhabarberragout

Man nehme

Spargeltörtchen

- 120 g frischen weißen Spargel
- 40 g frische grüne Spargelstangen
- 250 ml Vollmilch
- 30 g Zucker
- 40 g gute Schokolade
- 6 Blatt Gelatine
- 125 ml Schlagsahne
- etwas Pfeffer
- etwas Salz

Rhabarber

- 4 Stangen jungen, frischen Rhabarber
- 250 ml Apfelsaft
- 250 ml guten, trockenen Weißwein (optimal) (soll der Weißwein weggelassen werden, diesen durch Wasser sowie den Saft einer Limette oder Zitrone ersetzen)
- Zucker (je nach Geschmack und Säure des Rhabarbers)

Zubereitung

Spargeltörtchen

1. Den Spargel sorgfältig schälen. In 200 ml Milch weichkochen. Abseihen und mit der restlichen Milch sowie dem Zucker pürieren.
2. Die Gelatine in kaltem Wasser einweichen. Die Schokolade über einem Wasserbad schmelzen lassen. Gelatine gut ausdrücken und in der Schokolade auflösen. Schokoladenmasse unter das Spargelpüree mischen.
3. Die Sahne steifschlagen, unterheben und die Spargelcreme auskühlen lassen.
4. Den grünen Spargel für etwa 10 Minuten im Dampfgarer bissfest garen. Die Spitzen in Höhe der Förmchen abschneiden. Grünen Spargel an den Rand der Formen stellen. Die weiße Spargelcreme einfüllen und im Kühlschrank für ca. 2 Stunden kaltstellen.

Rhabarber

5. Vom Rhabarber die Fäden ziehen. In ca. 1 cm große Stücke schneiden. Den Apfelsaft, Weißwein sowie Zucker aufkochen und leicht sämig einreduzieren lassen. Den Rhabarber einlegen, Topf beiseite stellen und den Rhabarber ziehen lassen.
6. Vor dem Servieren die Spargeltörtchen aus der Form stürzen. Mit dem bissfest gegarten Rhabarber sowie dem einreduzierten Saft dekorativ anrichten und kalt servieren.

HL

Tipps & Wissen
rund um den Spargel

Spargel und Wein – ein kulinarischer Klassiker

Im Jahr 1565 kultivierten deutsche Gärtner im Stuttgarter Lustgarten erstmals grünen Spargel. Zu jener Zeit wohl ein gebührender Ort für eine Kulturpflanze aus der Römerzeit, der man auch im Mittelalter nicht nur heilende Wirkkräfte zusprach, die in Kräuterbüchern geflissentlich gesammelt und verbreitet wurden. Der »Asparagus officinalis«, so die gebräuchliche Artenbezeichnung, war obendrein eine recht wohlschmeckende Arznei, die als seltenes Luxusprodukt zunächst bloß die höfische Tafel bereicherte. Einstmals Standessymbol der Herrschenden hat sich das sogenannte »Kaisergemüse« im Lauf der Jahrhunderte popularisiert und zu einem der begehrtesten Genussklassiker entwickelt, der heute zur saisonale Nationalkulinarik in deutschen Landen gehört.

Schade, dass die Spargelzeit so kurz ist, könnte man mit einem der prominentesten Weinkenner unter den Schriftstellern ausrufen, der dieser Gaumenfreude einen noch weitaus tieferen Sinn abzugewinnen vermochte: »Wenn du Kartoffeln oder Spargel isst, / schmeckst du den Sand der Felder und den Wurzelsegen, / des Himmels Hitze und den kühlen Regen …« Mit Carl Zuckmayer begeben wir uns in Gedanken nach Rheinhessen, dem größten deutschen Weinbaugebiet und einer der Hochburgen des Spargelanbaus. Was uns in seiner Hommage so bodenständig durchs Gemüt zieht, könnte man ebenso von dem ältesten Kulturgetränk behaupten, sieht man einmal von der heilenden Wirkung ab, die man auch dem Wein einmal attestierte, was sich in manchen Lagennamen wie etwa dem berühmten »Bernkasteler Doctor«

verewigt hat. Beide, Wein und Spargel, verdanken ihrer Herkunft, den Böden und dem Klima alles. Und beide Kulturpflanzen gäbe es nicht ohne aufwändige Handarbeit. Ganz im Sinne Zuckmayers rücken wir also bei dieser Genusspaarung nicht nur den Kulturlandschaften, sondern gewiss auch den Menschen, die hier leben und arbeiten, etwas näher.

Bei der Gretchenfrage, welcher Wein denn nun am besten zu einem Spargelgericht passt, sollte man hingegen nicht zu voreilig sein. Bei seiner Vermählung zeigt sich der König der Gemüse nämlich etwas widerspenstig. Während sein feiner Kopf mit seinem würzigen, nussig-süßen Geschmack durchaus mit vielen Weinen kokettiert, sträuben sich die in ihrem Stängel versteckten zarten Bitternoten gegen eine allzu freie Auswahl. Was sich hier beim weißen Spargel noch relativ dezent präsentiert, kann bei seiner grünen Variante, die noch einmal kraftvoll-aromatischer ist, zu deutlich ungewollten Geschmackskollisionen mit der ausgeprägten Säure mancher Weine führen.

Das beschriebene Dilemma beschert uns alle Jahre zur Hauptsaison jene leichten Weine mit dezenter Säure, die als sogenannte »Spargelweine« eigens angepriesen werden und einen ungetrübten Genuss versprechen. Sicher bieten diese im Zusammenspiel mit den gängigsten Spargelgerichten für den einen oder anderen Weinfreund eine gewisse Erleichterung auf der Suche nach einem unkomplizierten Tischgenossen. Bei solchen Angeboten sollte man allerdings darauf achten, dass die Gewächse selbst von einer gewissen Güte sind, nicht flau und ohne Länge im Geschmack daherkommen, denn ein so göttliches

Gemüse sollte man nicht mit allzu einfachen Weinen konfrontieren. Letztlich bringt man sich und seine Gäste um den Genuss und vielleicht auch um die ein oder andere vinokulinarische Überraschung. Berücksichtigt man außerdem, dass Spargel ja nicht immer bloß in den klassischen Spielarten kredenzt wird, mal ganz puristisch bloß mit zerlaufener Butter oder kalorienträchtig mit Sauce Hollandaise, einem beachtlichen Anteil von Butter und geschlagenen Eiern, dann wird sofort klar, dass fast sämtliche Vorgaben und Gebote zum Thema Wein, die den Neugierigen eher zurückschrecken lassen, nur bedingt triftige Argumente liefern.

Eine Ausnahme sei an dieser Stelle vermerkt: Die Farbe Rot passt nicht zum Spargel. Wer allerdings auch in den wärmeren Jahreszeiten unter allen Umständen nicht auf seinen roten Tropfen verzichten möchte, dem sei an dieser Stelle zu einem frischen mild-fruchtigen Rosé geraten oder einem Weißherbst, jener traditionellen Rosévariante aus Baden oder Württemberg. Einschränkend muss hinzugefügt werden, dass diese Weinspezialitäten durchaus zarte Bitternoten aufweisen können (Spätburgunder Weißherbst), die sich mit dem Spargelklassiker nicht in jedem Fall vertragen. Aber auch hier gilt das bekannte Goethewort: »Grau mein Freund ist alle Theorie.« Probieren geht letztlich über Studieren – zumal in Genussfragen, bei denen Grenzüberschreitungen geradezu erwünscht sind.

Generell ist zu beachten, dass die für die jeweiligen Spargelgerichte verwendeten Aromen – hier vor allem die Saucencharaktere – weitaus bestimmender für eine gelungene Wein-Speisen-Balance sein können als die Grundprodukte selbst. Die Art und Weise der Zubereitung, die Gewürze und die Beilagen geben den Maßstab für eine harmonische Liaison. Diese können auch die Bitternoten des Spargels mitunter auf die hinteren Ränge verweisen, und öffnen für die Weinauswahl somit ganz neue Perspektiven (siehe Rosé).

Bleibt man bei dem Klassiker – also Spargel mit Butter –, dann bieten sich solche Weißweine an, die die Feinheiten des Gemüses elegant umspielen und unterstreichen, sich aber nicht dominant in den Vordergrund drängen. In diesem Sinne erweisen sich Silvaner aus Franken mit ihren feinerdigen, vegetabilen Aromen als geradezu ideale Spielpartner. Nicht minder begabt zeigen sich die Rheinhessen-Silvaner, die in ihrer besten Spielart an dem Gütesigel »RS« auf dem Etikett zu erkennen sind – »Do babbelt de Woi aus em Glas« (Da spricht der Wein aus dem Glas), wie der Rheinhesse sagt. Durchaus passend wäre ebenso ein schlanker Gutedel aus dem badischen Markgräflerland, der dort ja auch zum regionalen Frühlingsessen – Spargel mit Kratzede (Pfannkuchen) – traditionell gereicht wird.

Entscheidet man sich hingegen für die etwas üppigere Variante mit einer Sauce Hollondaise, dann darf der Wein auch schon etwas kräftiger ausfallen. Man greife in diesem Fall etwa zu einem würzigen Grauburgunder oder einem cremigen Weißburgunder aus Baden. Verfeinert man die Speise obendrein mit einem Quäntchen Muskatnuss, ließe sich noch an einen trockenen Müller-Thurgau (Rivaner) mit seinen an Wiesenblumen erinnernden Muskat-Ton denken. Der geneigte Leser wird hier leicht feststellen, dass der vinophilen Fantasie kaum Geschmacksgrenzen gesetzt sind, wenn man sich an einige Grundregeln hält – und das hat bei Weitem nichts von einer Geheimwissenschaft, die den Ungeübten vor schier unlösbare Rätsel stellt.

ihrer animierenden Säurecharakteristik nicht so recht in das Geschmacksbild zu passen scheinen. Weine zum Spargel sollten rund und ausgewogen sein, wie sich aus dem bisher Gesagten herauslesen lässt. Das mag hingegen schon für die hier beschriebenen Klassiker nur eine Maximalidee sein. Wer einmal einen gut ausbalancierten halbtrockenen Riesling von der Mosel oder aus dem Rheingau zu einem »einfachen« Spargelgericht mit gekochtem Schinken probiert hat, für den verflüchtigen sich wahrscheinlich alle Bedenken recht schnell im Gourmethimmel. Die Rebsorte bleibt wahrscheinlich auch hier ein wandlungsfähiger Generalist. Und wenn man sich einmal von den klassischen Spargelgerichten hinweg bewegt, scheint auch der Riesling – ob nun trocken oder halbtrocken – zu seinem Recht zu kommen, blickt man auf die zahllosen Kombinationen und mitunter gewagten Kreationen für alle erdenklichen Arten von Vor-, Haupt- und (süßen) Nachspeisen, zu denen uns die Seiten des vorliegenden Buches einen beeindruckenden kulinarischen Kosmos präsentieren. Es wäre vermessen zu glauben, für alle hier genannten Zweifelsfälle eine passende Weinpaarung angeben zu können. Das bleibt letztlich der Neugierde und Experimentierfreude eines jeden Genussinteressierten überlassen. Bei der geeigneten Weinauswahl könnte man allerdings abschließend eine generelle Empfehlung aussprechen: Es lohnt sich immer, nach solchen Weinen Ausschau zu halten, die auch aus den entsprechenden Spargelregionen stammen, in denen sich über die Jahrhunderte eine gewisse Geschmackssymbiose entwickelt hat – in Zeiten der globalisierten Märkte eine wohltuende Rückbesinnung auf den Wert der Regionen mit ihren ureigenen Produkten.

In der Tendenz handelt es sich vor allem um Weine mit einer mehr oder weniger ausgeprägten Kräuter- und Pflanzenaromatik, die im Duett mit dem feinen Gemüse zu kulinarischen Höhenflügen beflügeln. Wer dabei eher dem grünen Spargel zugeneigt ist, der darf hier durchaus zu etwas kräftigeren Weinen greifen: Weiß- und Grauburgunder (Pfalz/Baden) oder Chardonnay, insofern sie nicht im Barrique ausgebaut wurden, zeigen dieser Variante gegenüber genügend Rückgrat, ohne aufdringlich zu wirken. Gleiches gilt auch dort, wo die Spargeldelikatesse neben einem Schnitzel vom Kalb oder Schwein erst in der zweiten Reihe steht.

Grundsätzlich gilt hierzu: Fettreiche Soßen und Speisen vertragen sich mit kräftigeren und säurebetonteren Tischpartnern, was uns daran erinnert, dass bis zu dieser Stelle vom Riesling gänzlich geschwiegen wurde. Auch hier verbietet sich eine generalisierende Antwort, auch wenn die Weine der Königsrebe mit

Es ist angerichtet! – Der Fantasie sind keine nationalen Grenzen gesetzt!

Essgenuss ist natürlich auch ein Augenschmaus. Das Anrichten ist daher ein wichtiger Schritt von der Küche hin zum festlich gedeckten Tisch.

Klassisch wird der zubereitete Spargel auf dem Teller so drapiert, dass die Stangen mit der Spitze nach links ausgerichtet sind.

Hier nun einige internationale Serviervorschläge. Je nach Orientierung kann dann die Form der Darreichung gewählt werden. Es kann sich dabei um Stangenspargel (grün, wild oder weiß), in Stücke geschnittenen Spargel oder um Spargelköpfe handeln.

Stangenspargel mexikanisch

Spargel in der Mitte platzieren, rundherum Maiskölbchen, rote und grüne Paprikastücke sowie Avocadoscheiben legen.

Stangenspargel arabisch

Spargel in der Mitte platzieren, rundherum gebratene Auberginenstücke oder -scheiben, überkrustete Tomaten und Chirimoya legen.

Stangenspargel chinesisch

Um den in der Mitte liegenden Spargel Bambussprossen, zubereitete Erbsen- und Bohnenkeimlinge sowie gebratene chinesische Pilze platzieren. Mit Sojasauce und Gewürzen verfeinern.

Stangenspargel französisch

Spargel in die Mitte legen, dazu rundherum nicht zu weich geratene Artischockenböden (mit gedämpften Spinatblättern belegt), bissfest zubereiteten Broccoli und geröstete Kastanien oder Zucchinis legen.

Stangenspargel südamerikanisch

Spargel in die Mitte, rundherum Palmenmark, gebackene Bananen und Maiskölbchen legen.

Stangenspargel mit verschiedenen Pilzen (»Förster-Art«)

Spargel in die Mitte, rundherum beliebig zubereitete Champignons, Pfifferlinge, Steinpilze und/oder andere Pilze platzieren.

Spargel etikettegerecht essen

Beim Spargelessen gibt es oft schicksalhafte Situationen, weil viele nicht genau wissen, wie sie den Spargel auf ihrem Teller essen sollen.

Die Rituale beim Essen von Spargel haben ebenso wie der Spargel selbst eine wechselvolle Geschichte. Nicht genau belegbar ist daher die Geschichte im Einzelnen, weil die Arten des Spargels sehr unterschiedlich sind. Weißer Spargel wächst eben als Stange, grüner Spargel ähnlich, aber in der Konsistenz schon anders. Thai- oder Wildspargel ist klein beziehungsweise stricknadeldünn. Einheitliche Regeln, wie Spargel zu essen ist, kann es also gar nicht geben.

Klassisch überliefert ist die stilvolle Vorgabe, den Spargel mit den Fingern zu essen. Dies gilt für weißen und grünen Stangenspargel, weil er als »fingerfood« vergangener Jahrhunderte gut handhabbar war.

Zwei Ursachen lassen sich aufführen, um diese Essgewohnheit zu erklären: Einmal war es historisch seit der Antike so, dass viel mehr als heute mit den Händen gegessen wurde. Spargel wurde – wenn er geschält war – an den Enden angefasst und dann Stück für Stück aufgegessen. Ungeschälter Spargel wurde ausgelutscht. Dies wurde später bei der Zuführung in den Mund noch etwas veredelt, indem das eine Spargelende auf eine

Gabel gelegt wurde, weil dann die Stange mit der Hand vom anderen Ende her in den Mund geschoben werden konnte. Der zweite Grund war eher die Beschaffenheit des Bestecks. Es war seinerzeit aus Silber oder nicht rostfreiem Stahl und lief durch schwefelhaltige Verbindungen an.

Was bedeutet das für das heutige etikettegerechte Spargelessen?

Spargel kann heute stilvoll auch bei festlichen Anlässen mit Messer und Gabel gegessen werden. Muss er aber nicht.

Prinz Asfa-Wossen Asserate, der als Abkömmling des äthiopischen Kaiserhauses seit Jahrzehnten in Deutschland lebt und ausgewiesener Kenner der Etikette ist, plädiert in seinem Buch »Manieren« (Frankfurt/Main, 5. Auflage, S. 313) dafür, die wenigen Gelegenheiten, die an einer deutschen Tafel für das Essen mit den Händen bleiben, auch bewusst zu nutzen. Spargel kann mit der Hand langsam in den Mund geschoben werden. Natürlich muss dann auch eine Möglichkeit zum Waschen der Hände nach der Mahlzeit bestehen.

In jedem Fall wird, ob mit der Hand oder mit Messer und Gabel, der Spargel etikettegerecht immer von der Spitze zum Stil hin gegessen.

Was man sonst vom Spargel wissen sollte:

Spargelfeinde

Spargelfliege Ihre Maden fressen sich im Innern des Spargels von oben bis zu den Wurzeln durch und krümmen ihn – bis seine Spitzen vertrocknen.

Spargelhähnchen Kein Geflügel, sondern ein Käfer aus der Familie der Blattkäfer, den die Spargelbauern bekämpfen, weil er sich an den Trieben vergreift.

Spargelkäfer Man unterscheidet unter anderem den fünfpunktigen, den zwölfpunktigen und vierzehnpunktigen Spargelkäfer. Diese zur Familie der Blattkäfer gehörenden Tierchen leben auf und vom Spargel und sind deshalb keine Freunde der Spargelbauern.

Spargelminierfliege Ihre Larven fressen sich in den Spargeltrieben erst aufwärts, dann wieder abwärts; das ergibt wenig schöne Spargelgänge.

Spargelrost Ein Rostpilz, der sich in der äußeren Spargelrinde festsetzt und ihn schließlich wenig schön aussehen lässt.

Was nichts mit Spargel zu tun hat

Spargelbohne Nicht mit dem Spargel verwandt; wird auch Schlangen-, Spagetti-, Stricknadel- oder Strumpfbandbohne genannt.

Spargelerbse Die Frucht erinnert vage an grünen Spargel und sie schmeckt auch nicht nach Spargel, aber auch nicht nach Erbsen, vielmehr nach grünen Bohnen.

Spargelersatzgewächs Der Name sagt alles; es ist die gemeine Schwarzwurzel, die auch sehr gut schmecken kann.

Spargelder Ab dem 25. Juni sollte Geld zurückgelegt werden, um in der nächsten Spargelsaison reichlich Spargel erwerben zu können.

Spargelklee Hat nichts mit Spargel zu tun; er ist eine Art aus der Gattung Hornklee.

Spargelstein Anders als der Steinspargel, eine Bezeichnung für den Wildspargel, hat er nichts mit Spargel zu tun; der spargelgrüne Stein lässt sich leicht mit einem Turmalin verwechseln.

Spargeltarzan Junge mit besonders schmalem Körperbau; statt Spargeljane heißt es meist Bohnenstange.

Alphabetisches Rezeptverzeichnis

Für die, die schon fast alles wissen: Literaturhinweise (Auswahl)

Spargelstandardwerk

- *Englert, Wodarz:* Spargel, Geschichte – Anbau – Rezepte, Pfaffenhoven 1985.

  (leider vergriffen, aber antiquarisch ohne Probleme zu erwerben)

Vergriffene Spargelliteratur (ohne Rezepte)

- *Biester:* Der Spargel und seine Kultur, o. O., o. J.

- *Born:* Nährstoff – Mangelsymptome bei Spargel, Geisenheim 1979.

- *Dressler:* Der Spargel, Berlin 1900.

- *Heinemann:* Die Kultur des Spargels, 5. Aufl., Erlangen 1900.

- *Rolow:* Die Kultur des Spargels, Leipzig 1825.

- *Scheunert:* Spargel ist gesund!, Leipzig o. J.

Spargelrezepte

Ungefähr 389.000 Ergebnisse unter Google

Das Buch-Team

Texte

Henning Lühr

Henning Lühr ist Jurist und Staatsrat im Finanzressort der Freien Hansestadt Bremen. Seine erste Begeisterung fürs Kochen hat er bereits in jungen Jahren in der Küche des elterlichen (Spargel-)Bauernhofs entwickelt, in der studentischen Wohngemeinschaft sowie als Hobbykoch verfeinert.

Karl-Josef Krötz

Karl-Josef Krötz ist Ratskellermeister und Chef des Ratskeller-Weinhandels in Bremen. Er ist einer der anerkanntesten Weinexperten in Deutschland und Mitglied in Jurys für die Auswahl von Spitzenweinen.

Lothar Spielhoff

Lothar Spielhoff ist Pensionär und Hobbykoch.

Illustrationen

Ulrike Zipp

Ulrike Zipp ist Malerin und betreibt in Worpswede ein kleines Atelier. Bevor sie nach Bremen zog, lebte sie viele Jahre in einem Spargelanbaugebiet in Südhessen. Kochen und essen, gerne mit netten Leuten, ist für sie Nahrung für Leib und Seele.

Henning Lühr

Henning Lühr hat für dieses Kochbuch seine Leidenschaft fürs Zeichnen und Aquarellieren wieder aktiviert.

Landeskundige und regionale Beraterinnen und Berater – Übersetzungen

Australien	***Till Spielhoff:*** Einwanderer in Australien und Hobbykoch.

Belgien	***Sylvia Büchele:*** Belgierin, lebt und arbeitet seit 1991 in Süddeutschland als Officemanagerin.

Bremen (Bremer Platt)	***Henning Lühr:*** Bremer Hobbykoch.

Bulgarien	***Nadezhda Milanowa:*** gebürtige Bulgarin, lebt in Bremen.

China	***Wen Que*** ist Chinesin und lebt seit einigen Jahren in Bremen. Arbeitet als Übersetzerin und Touristenführerin.

Dänemark	***Hille und Jens Toft Ingemann*** arbeiten im Sozialbereich und im IT-Management in Kopenhagen.

Deutschland	***Heidi Lühr:*** Landwirtin auf dem Feens-Hof und begeisterte Köchin, Kommunalpolitikerin.

	Heiko Lühr: Landwirt auf dem Feens-Hof.

	Hannelore Kubicek: Kölnerin, die in Bremen lebt, Hobbyköchin.

England	***Lothar Spielhoff:*** Pensionär in Bremen und Hobbykoch.

Finnland	***Ulla-Maija Haak*** hat finnische Wurzeln, Studium und Tätigkeit als Lehrerin in Bremen.

Frankreich	***Kathrin Rabus:*** Galeristin für zeitgenössische Kunst, Mitglied im Rundfunkrat ARTE und im Programmbeirat der ARD, lebt in Bremen, Paris und Südfrankreich.

Georgien	***Inga Sinjikashvili:*** Mitarbeiterin der Deutschen Gesellschaft für Internationale Zusammenarbeit (GIZ) GmbH in Tiflis, Georgien.

Griechenland	***Dimitros Papagelis:*** arbeitet als Dipl.-Ing. bei einem großen Automobilhersteller in Bremen, gebürtiger Grieche, lebt in Bremen.

Indien	***Vaman Kale*** lebt und arbeitet als Übersetzer in Indien.

Italien	***Dorothee Hock:*** Mitarbeiterin beim Casa di Goethe in Rom.

Kroatien	***Marina Marijic*** hat kroatische Wurzeln, arbeitet als Dipl.-Ingenieurin in Bremen.

Norwegen **Sigvor Bakke-Seek:** Norwegerin, lebt in Bremen und ist tätig als Coach, Beraterin, Trainerin und Moderatorin.

Österreich **Gerald Leitner:** Literaturwissenschaftler, Präsident des Österreichischen Büchereiverbandes und des Europäischen Bibliotheksverbandes. Er ist ein Freund der internationalen Küche.

Polen **Bernhard Woitalla:** hat polnische Wurzel, Studium und Berufstätigkeit im Aus- und Fortbildungszentrum für den bremischen Öffentlichen Dienst in Bremen.

Rumänien **Alice Kanterian:** gebürtig in Rumänien, Studium an der Universität Bremen, arbeitet Konferenzdolmetscherin in Bremen.

Russland **Anna Tenjotkina:** Kulturwissenschaftlerin beim Goethe-Institut Moskau, lebt in Moskau.

Barbara Lison: Slavistin, ist Direktorin der Stadtbibliothek Bremen, Hobbyköchin.

Schweden **Sven Hallonsten** lebt in Stockholm und arbeitet als Theologe.

Schweiz **Nilgün Wacker:** Selbstständige Kosmetikerin, als Türkin in der Schweiz aufgewachsen, lebt seit einigen Jahren in Bremen und kocht fantastisch.

Spanien
Mexico
Peru **Claudia Iliana Gomez Romero:** Wiss. Mitarbeiterin an der Hochschule Bremen im Bereich der Koordinierung internationaler Studiengänge, aufgewachsen in Mexiko, lebt in Bremen und liebt die internationale Küche.

Südafrika **Flippie van der Walt:** arbeitet in der Leitung der Stadtbibliothek in Kapstadt.

Thailand **Nittaya Neumann:** Thailänderin, llebt in Paderborn.

Tschechien **Libuce Cerna** hat tschechische Wurzeln, Redakteurin bei Radio Bremen, Vorsitzende des Rates für Integration in Bremen.

Türkei **Bülent Uzumer** hat türkische Wurzeln, arbeitet als Unternehmensberater in Bremen.

Ungarn **Interpress GmbH** ist eine kompetente Druckerei in Budapest. www.interpress.eu

USA/Kanada **Martin Hagen:** IT-Direktor der Bremer Verwaltung, aufgewachsen in Oldenburg, Aufenthalt in Amerika, lebt in Bremen.

Vietnam **Thang Pham:** Kaufmann, lebt in Saigon und Bremen.

129

Henning Lühr

Schon in der 3. Auflage:
Internationales
Grünkohl-Kochbuch
50 Rezepte aus 27 Ländern

Der Bremer Staatsrat Henning Lühr zeigt, welche internationalen Variationen mit der »urdeutschen« Leibspeise möglich sind. Ob türkische, russische oder finnische Grünkohlsuppe, Grünkohlsalate, -eintöpfe, -aufläufe oder sogar Grünkohlkuchen – hier finden Sie alle Rezepte auf Deutsch und in der jeweiligen Landessprache.

Mit hübschen Aquarellen vom Autor und von Karin Hollweg illustriert, der erfolgreiche Vorgänger des Spargel-Kochbuches!

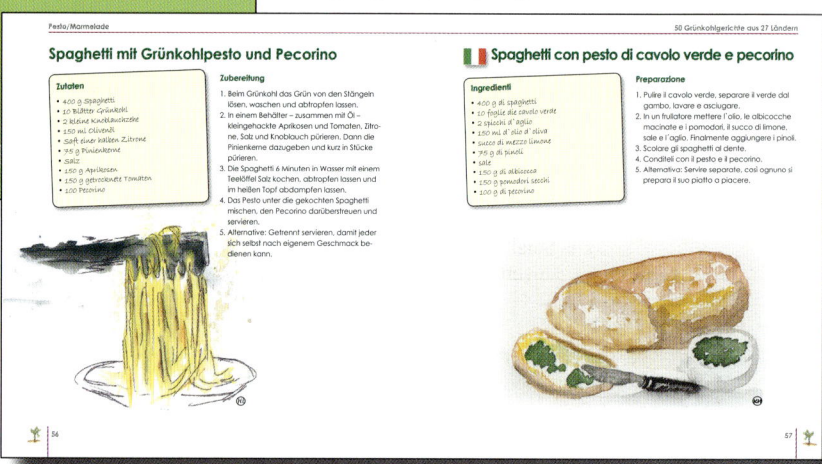

132 Seiten, 21 x 21 cm Hardcover, mit zahlreichen farbigen Aquarellen
ISBN 978-3-939928-71-3, € 14,90

Kellner Verlag
Bremen Boston

Inspector Barnaby

Die Drehorte der beliebten ZDF-Serie

Passend zu Serie liefert dieser Band detailreiche Informationen mit vielen Insidertipps zu den wunderschönen Drehorten rund um Oxford. Die kenntnisreichen Beschreibungen der über 100 Drehorte, der herrschaftlichen Landsitze und uralten Kirchen, ergänzt mit zahleichen Farbfotos und Landkarten, offenbaren das typisch englische Landleben. Dabei erfährt man gleichzeitig, welche Folgen wo gedreht wurden,und kann mithilfe eines nützlichen Indexes »mitreisen«

128 Seiten, 13,5 x 21 cm, Softcover, mit über 70 Farbfotos
ISBN 978-3-95651-007-6, € 14,90
Auch als E-Book: ISBN 978-3-95651-022-9

Bernhard Baumeister

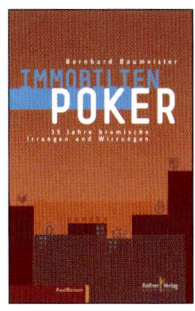

Immobilien-Poker

35 Jahre bremische Irrungen und Wirrungen

In diessem Real-Roman treten auf: Kleine und große Politiker/innen, etliche Gewerkschafter/innen,Betriebsräte und Vorstandsmitglieder bremischer Wohnungsbaufirmen, wie auch Immobilienmakler der speziellen Art. Spannende Intrigen mit manchmal überraschenden Wendungen bilden die Kulisse und Bühne für diese 35 Jahre bremischen Panoptikums.

208 Seiten, 14 x 21,5 cm, Softcover
ISBN 978-3-95651-029-8, € 12,90
Auch als E-Book: ISBN 978-3-95651-033-5

Ian Watson

Kurzpassspiel

oder: Ich stehe zu meinem Sitzplatz

Für manche ist es die schönste Nebensache der Welt. Andere sagen: »Ist ja NUR ein Spiel.« Ian Watsons Leidenschaft für den Sport geht über die reine Begeisterung hinaus. Er macht aus Spielberichten Poesie und kreiert Bilder aus Erinnerungen. 30 Jahre Leidenschaft für Werder Bremen, verpackt in einem unterhaltsamen und humorvollen Buch.

96 Seiten, 12 x 20 cm, Sofcover, mit vielen Abbildungen
ISBN 978-3-939928-86-1, € 8,90
Auch als E-Book: ISBN 978-3-95651-013-7

Dirk Böhling

Die Geschichte von dem kleinen Reiskorn

Wie die SOS-Kinderdörfer in die Welt kamen

Mittlerweile gibt es über 500 SOS-Kinderdörfer in 133 Ländern. Aber erst jetzt entstand das Buch, das von Herrn Gmeiner und dem kleinen Reiskorn erzählt. Die Geschichte wird auf Deutsch, Englisch und Spanisch erzählt. Farbenfrohe Illustrationen schmücken die Erzählung mit liebevollen Details aus. Ein wunderschönes Buch für Kinder

24 Farbige Seiten, hübsch illustriert, 20 x 20 cm, Hardcover
ISBN 978-3-95651-014-4, € 8,90

Erhältlich im Buchhandel (auf Bestellung) oder direkt beim KellnerVerlag • St.-Pauli-Deich 3 • 28199 Bremen
Tel. 04 21 - 77 8 66 • Fax 04 21 - 70 40 58 • buchservice@kellnerverlag.de • www.kellnerverlag.de

Buchempfehlungen

Falk Guder

Tod im Herrenzimmer

Der Osterholzer Bauer Horstmann wurde ermordet. Erstochen mit einer afrikanischen Lanze. Was wie ein Raubmord erscheint, entwickelt sich zu einer Kette von Ungereimtheiten. Um den Fall aufzuklären, müssen Kommissar von Wehye und sein Assistent immer tiefer in die dunkle Vergangenheit eindringen. Die Spur führt nach Deutsch-Südwestafrika, dem heutigen Namibia. Ein auf historischen Fakten beruhender und spannender Kriminalroman, der die Leser/innen in das Bremen um 1900 entführt.

172 Seiten, 12,5 x 20 cm, Softcover, mit historischen Bildern
ISBN 978-3-939928-75-1, € 9,90
Auch als E-Book: ISBN 978-3-939928-84-3

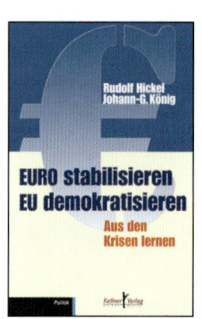

Rudolf Hickel, Johann-G. König

EURO stabilisieren EU demokratisieren

Aus den Krisen lernen

Trotz aller politischer Beschwörungen, Rettungsschirmen, sowie geplanten Freihandelsabkommen sind weder die Eurozone, noch die Europäische Union Garanten für eine gute Zukunft. Das viel beschworene Europäische

Haus ächzt unter einer sozialen und ökonomischen Spaltung sowie undter politischem Akzeptanzverlust. Antworten und Demokratisierungsvorschläge zur EU, die überflüssig sind.

288 Seiten, 14 x 21,5 cm, Softcover
ISBN 978-3-95651-025-0, € 16,90
Auch als E-Book: ISBN 978-3-95651-032-8

Ebenfalls von Henning Lühr ...

Henning Lühr

Drahtzieher und Kofferträger

Satirischer Wegweiser Insiderjargon aus Politik und Bürokratie endlich verstehen...

... ist das Anliegen von Staatsrat Lühr, der aus seinem eigenen Büroalltag weiß, wer »Häuptling Große Schnauze« ist und welche Ziele »All-Round-Dilettanten« in »Bürokratien« verfolgen. Hier werden über 500 Insider-Begriffe unterhaltsam-ironisch erläutert.

184 Seiten, 13,5 x 21 cm, Softcover,
mit zahlreichen farbigen Abbildungen des Autors
ISBN 978-3-939928-82-9, € 14,90
Auch als E-Book: ISBN 978-3-939928-82-9

Henning Lühr

Management by...

140 Cartoons amüsanter Satire zum Büroalltag

Mit einem zwinkernden Auge erläutert der Bremer Staatsrat Lühr anhand ironisch-aufschlussreicher Merksprüche die »besten« Managementkonzepte und wird dabei vom Cartoonisten Roland Bühs unterstützt. Ein amüsantes Nachschlagewerk, um »nette« Kolleginnen/Kollegen und Vorgesetzte trefflich zu klassifizieren.

264 Seiten, 21 x 15 cm, Hardcover,
mit 140 Cartoons
ISBN 978-3-939928-36-2, € 9,90

Kellner Verlag
Bremen Boston

Erhältlich im Buchhandel (auf Bestellung) oder direkt beim KellnerVerlag • St.-Pauli-Deich 3 • 28199 Bremen
Tel. 0421-77866 • Fax 0421-704058 • buchservice@kellnerverlag.de • www.kellnerverlag.de